中国北方地域文化

徐　潜／主　编

张　克　崔博华／副主编

王思博　杨金秀／编著

吉林出版集团－吉林文史出版社

图书在版编目（CIP）数据

中国北方地域文化 / 徐潜主编 . —长春：吉林文史
出版社，2013.3（2025.9重印）

ISBN 978-7-5472-1482-4

Ⅰ.①中… Ⅱ.①徐… Ⅲ.①地方文化-中国-
通俗读物 Ⅳ.①G127-49

中国版本图书馆 CIP 数据核字（2013）第 062769 号

中国北方地域文化
ZHONGGUO BEIFANG DIYU WENHUA

主　　编	徐　潜
副主编	张　克　崔博华
责任编辑	张雅婷
装帧设计	映象视觉
出版发行	吉林文史出版社有限责任公司
地　　址	长春市福祉大路 5788 号
印　　刷	唐山富达印务有限公司
版　　次	2013 年 3 月第 1 版
印　　次	2025 年 9 月第 5 次印刷
开　　本	720mm×1000mm　1/16
印　　张	9.25
字　　数	250 千
书　　号	ISBN 978-7-5472-1482-4
定　　价	68.00 元

序　言

　　民族的复兴离不开文化的繁荣,文化的繁荣离不开对既有文化传统的继承和普及。该书就是基于对中国文化传统的继承和普及而策划的。我们想通过这套图书把具有悠久历史和灿烂辉煌的中国文化展示出来,让具有初中以上文化水平的读者能够全面深入地了解中国的历史和文化,为我们今天振兴民族文化,创新当代文明树立自信心和责任感。

　　其实,中国文化与世界其他各民族的文化一样,都是一个庞大而复杂的"综合体",是一种长期积淀的文明结晶。就像手心和手背一样,我们今天想要的和不想要的都交融在一起。我们想通过这套书,把那些文化中的闪光点凸现出来,为今天的社会主义精神文明建设提供有价值的营养。做好对传统文化的扬弃是每一个发展中的民族首先要正视的一个课题,我们希望这套文库能在这方面有所作为。

　　在这套以知识点为话题的图书中,我们力争做到图文并茂,介绍全面,语言通俗,雅俗共赏。让它可读、可赏、可藏、可赠。吉林文史出版社做书的准则是"使人崇高,使人聪明",这也是我们做这套书所遵循的。做得不足之处,也请读者批评指正。

编　者

2014 年 2 月

目 录

草原文化

　　草原文化自古以来一直是人们关注的话题，它构建了人与自然和谐共荣的生存模式和文化体系，展现了人类在不同自然条件下的非凡创造力。草原文化并不单纯属于某个民族特定历史时期的文化，它历经了匈奴、鲜卑、契丹、突厥、女真及元、清、当代几个高峰期的发展，现已经成为以蒙古族文化为典型代表的文化板块，以多个民族为载体的纵贯整个游牧文明史的文化。

一、草原文化的内涵

中国是有着五千年文明史的文化大国，社会越向前发展，文化在人们生活中的地位就越显著。草原文化是中国文化的重要组成部分，它和长江文化、黄河文化一起构成了中国文化的主体。这些文化在相互碰撞、融合、再碰撞、再融合的互动过程中不断向前发展，为中华文化的繁荣作出了自己卓越的贡献。

在我国北方的蒙古草原上，生活着充满活力、刚毅强悍的民族，人称"马背上的民族"。他们在长期的生产、生活和繁衍中，逐渐形成了具有特色的游牧文明，创造和发展了博大精深的草原文化。

"文化"一词内涵丰富，最早源于拉丁文 Culture，译为耕作、培养、教育、发展、尊重等意义，是人类社会发展到一定阶段后，生活在特定地域的人们的思想与行为的表现。随着社会的进步，文化在人类社会中越来越彰显其重要作用，人类社会越进步，文化在社会中的地位越显著，人类在社会发展中不断创造文化，文化又无时无刻不在完善着人类的生活。历史悠久的草原文化正是这些光辉灿烂文化中的一种。

草原文化是长期生活在我国北方草原地区的先民、部落、民族共同创造和发展起来的一种与草原自然生态环境相适应的带有民族特点的文化。这种文化包括深层次的思想观念、政治制度、风俗习惯、宗教信仰、节日风俗、文学艺术等具体形式。蒙古族是草原文化的典型代表，是其主要的载体和传承者。

草原文化是以欧亚大陆板块的蒙古高原为中心的区域文化，是草原上的各民族在长期适应性探索中，不同时代不同族群的人们以游牧生产为主要生存方式，促成草原民族和草原文化的形成，在整个中国文化的形成和发展过程中发挥着不可替代的作用。当然，它在一段时期内不同程度上也表现为弱势文化、边缘文化和亚文化，但随着 20 世纪扎赉诺尔的认识和评价后，草原文化得到了广泛认可，这是中国文化思想上的一个重大转折。草原文化为中国北方自然生态和文化生态筑就了坚实的屏障，是中国游牧民族的智慧结晶。

草原文化内涵丰富、形式多样、富于特色。从类型性模式上划分，如果把黄河文化归为伦理型文化，那么草原文化则属于生态型文化。伦理型文化强调社会道德修养，而生态型文化则主张崇尚自然、顺应自然、秉持与自然和谐相处、永续利用的观点。从历史层面上看，草原是人类祖先的栖息地、许多北方民族的发祥地、中华文化的主要源头和东西方文明的交汇地。草原文化经过长期的发展，已经演绎成为以蒙古族文化为典型代表，历史悠久、特色鲜明、内涵丰富、以游牧文明为主要特质的文化。

草原文化史在很长的历史阶段实际上是以游牧为主的文化史。游牧文化成为北方草原的主导文化，游牧民族的形成和发展其实也是草原文化的发展过程。但是草原文化并不是单一的游牧文化，它是具有开放性的文化。草原文化以其自身鲜明的特色和丰富的内涵，与中原文化相互渗透与交融，它从中原农耕文化中吸取了丰富的养分，促成了文化的相互交融与统一。另外，草原文化还吸收了古代西域的各游牧民族文化、波斯文化、阿拉伯文化、印度文化和希腊罗马文化。草原文化以其开放的心态博采众长，通过学习和借鉴其他文化来丰富本民族文化。近现代以来，在各种文明的冲击和影响下，游牧民族面临着生态

环境退化、草原面积萎缩等自然环境问题，草原人民亦开始寻找一条人与自然、经济发展与环境保护相协调的发展出路。作为人类历史上最古老的生态文化，草原文化仍然保持其自身的文化特质、文化丛乃至文化模式，把文化传承与创新融为一体，并以其内在的生命力在发展本民族文化和适应新的社会文化转型过程中书写着新的篇章。

由此可见，草原文化不仅包括游牧文化，更是以游牧文化和畜牧文化为核心，兼容狩猎文化、农耕文化和现代工业文化等多元一体的整合形态。

二、草原文化的历史渊源

草原文化的最主要内容是游牧文化，而游牧文化的起源始终是个十分复杂的问题，这和游牧民族生活的自然环境、游牧生活的流动性、分散性以及文字历史短暂性等因素有着直接的关系。

（一）草原文化形成的自然环境

我国的草原文化发祥于原始草原的边缘，大致分布区域为：东以大兴安岭为界，西起阿尔泰山山麓，与青藏高原相通，南至阴山山脉与中原农耕民族相接，北与西伯利亚相连。我国北方牧人在这里生活、繁衍，逐渐形成了以蒙古高原为核心的草原文化。

蒙古高原常年被大陆型气候所笼罩，由于地势很高，边缘有山脉阻隔，距海又很远，因而雨量奇缺，气候温差很大，寒暑变化剧烈，冬季寒冷而漫长，夏季苦短而酷热。在这样的自然条件下不适合从事农耕，只适宜草本植物的生长，因此人们选择了游牧和狩猎的生产方式进行世代的生存和繁衍。

由于特殊的地理环境和气候的影响，这一地区不仅有广袤的大草原，还有无垠的大沙漠，可大致分为森林草原区、湿润草原区、干草原区和荒漠草原区。有关史书记载：这一带草原地区和沙漠的形成约可上溯到第三纪。在地球历史上，前350—300万年一直处于被称为"阿尔卑斯造山运动"的地址变化过程，使塔里木盆地南部一带的内海逐渐收缩，形成了兴都库什、喜马拉雅、帕米尔和天山等一系列山脉。随着寒冷和干燥气候不断增强，造山运动把中亚以及蒙古高原的山系

普遍抬高了 600 至 1000 米，越来越干旱的气候发展趋势，使包括蒙古高原在内的中亚地区逐渐变成了草原和沙漠生态占主要地位的自然环境。

气候的变化导致各种植物和动物也适应性地进化和加速发展。草原上的植物多数为高山植物进化为草原与沙漠的植物组合，这些植物最适合在干燥、炽热的气候条件下生长。草原植物类的进化促进了草原动物区系的演化，形成了独特的草原动物群。其中和人类生活联系最为密切的是善于奔跑的有蹄类和地下穴居的啮齿动物。典型的善于奔跑的有蹄类动物有野马、野驴、黄羊、野骆驼等。一望无尽的大草原为这些动物的奔跑提供了有利的条件，而为了寻找食物、水源和躲避天敌，也要求他们掌握快速奔跑的本领。长期的适应和自然选择使一些草原动物奔跑时速达到 70 公里，使其成为适应草原生活的种群。在《中亚东部的游牧人》一书中明确记载："公元前，蒙古高原及其相邻的中亚地区不同于其他定居居民的生活区，这里是清晰的原始游牧世界，居住着土著的部落与氏族，牧养绵羊、山羊和牛，牧人的主要职业之一即是饲养马，特别是普尔泽瓦尔斯基马。这是较早时期就已驯养的一种马，它矮小而壮实，具有异乎寻常的耐力，被匈奴人、突厥人和蒙古人所广泛使用。在戈壁沙漠以南，则畜养少量的驴和骡子，这类马、骆驼、驴的野生先祖，仍见于阿尔卑斯山以东、蒙古戈壁的西南部、准噶尔盆地以及哈萨克斯坦。公元前 700 至公元前 300 年，蒙古高原及中亚其他部分较为发达的游牧生活方式通常被称为中亚游牧方式。"

草原上另外一种食草动物是啮齿动物，这类动物的繁殖能力极强，至今仍然活跃在大草原上，其种类主要有草原黄鼠、呼尔鼠兔、跳鼠、鼢鼠等。它们通过挖洞穴居防御和逃避天敌的袭击，还可以储存粮食和繁殖后代。啮齿动物的天敌是草原上的食肉动物，主要有沙狐、兔狲、艾鼬、伶鼬、旱獭、草原雕和狼。其中，狼是草原上最著名的食肉动物。因此，绿色植物—食草动物—食肉动物—人类构成了相对稳定的草原生态系统。由于人类处于生态系统金字塔的顶点，所以人类如何利用草原资源成了关键性问题，过度利用会造成草原退化。于是，牧民们为了合理利用自然资源，开始了游牧生活。其目的就是为了使放牧过的草原及时得到休整恢复，以此来保护草原的自然生态平衡不受到破坏。

（二）草原文化形成的历史条件

草原文化已是内蒙古人民乃至全国人民耳熟能详、引以自豪的中华文化之一。人们通过人类祖先留下的蛛丝马迹来努力探寻文化之河的源头，去挖掘草原文化这一千古之谜。

1. 蒙古人种的起源

大窑文化遗址：位于呼和浩特市东郊33公里处，保合少乡大窑村南。1973年被发现，是世界上已经发现的最大的石器加工厂。经挖掘，先后出土大量石器，主要有石核、石片、刮削器、尖状器、砍砸器、石锤、石球等，其中尤以刮削器、钻具、尖状器等为多。还发现了与人类同时期的其他哺乳动物骨骼化石，有肿骨鹿、真马、啮齿动物、鸵鸟、羚羊、原始牛、赤鹿、披毛犀、虎、古菱齿象等。大窑遗址年代为距今70万年至 1 万年前，分旧石器时代早期、中期、晚期三个阶段。长期以来，人们都认为人类发源于黄河流域，由于大窑文化的发现，证明了北方阴山之南也有原始人活动。大窑文化遗址的先民一直过着以狩猎为主、采集为辅的定居生活，与北京周口店猿人遗址的"北京人"有着惊人的相似。

河套人遗址：1922 年，在今内蒙古自治区伊克昭盟乌审旗萨拉乌苏河河岸砂层中发现了一颗八九岁幼童的左上侧门齿化石，一位加拿大考古学家将其命名为"鄂尔多斯牙齿"，后来中国考古学家将其译为"河套人"。齿的大

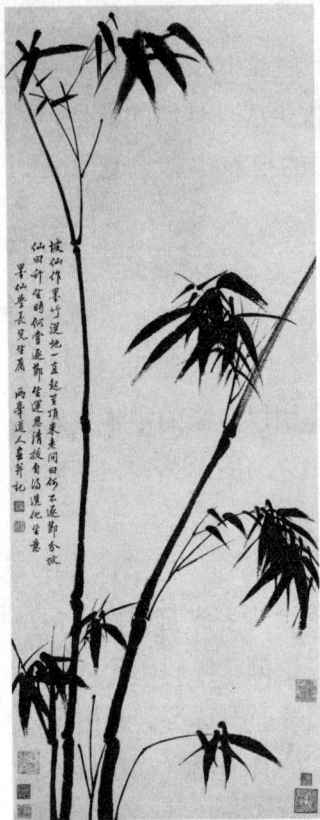

小与现代人相似，齿冠结构具有原始特征。1956 年在该区域又发现顶骨化石一块和股骨一段。经考古鉴定，"河套人"化石年代距今 5 万至 3.5 万年，在人类的进化阶段属晚期智人，其体质特征接近于现代人，而门齿和头部化石特征尤与现代蒙古人种十分相近。到目前为止，"河套人"文化遗址共发现人类化石、石器 380 多件，还有大量的哺乳动物化石及鸟类化石。"河套人"的发现，填补了中国旧石器时代考古的空白，掀开了中国古人类研究的序幕。

扎赉诺尔人遗址：1933 年，在内蒙古东北部的扎赉诺尔发现了第一个较完整的古人类头骨化石，迄今已陆续出土 16 个，考古学家把它命名为"扎赉诺尔人"。通过对出土文物的鉴定，扎赉诺尔人的生存年代距今约 11400 年，属于旧石器晚期或中石器时代。扎赉诺尔是古人类生存的故乡，在一万年以前的中石器时代，他们在这里以狩猎为主，兼事采集，以石刀、石斧、木棒等为耕作工具，成群地栖息在山丘湖畔的草丛密林中，创造了呼伦湖畔早期的原始文化。由此可知，扎赉诺尔人已处于"新人"阶段，属蒙古人种，与北京"山顶洞人"有着很深的渊源。1948 年，我国古人类学家裴文中在《中国史前之研究》中提到"扎赉诺尔文化"一说，指出了中国北方文化起源于扎赉诺尔文化。

2. 色彩纷呈的原始文化

进入新石器时代，即距今七八千年前，内蒙古东部地区多处出现相当于此时中原黄河流域的文化聚落。兴隆洼文化遗址、赵宝沟文化遗址、红山文化遗址、富河文化遗址、小河沿文化遗址、海生不浪文化遗址和朱开沟文化遗址的发掘和研究，表明在新石器时代的蒙古草原，从东部到西部均有人从事定居农业，并有了相当规模的村落组织。朱开沟文化遗址中青铜器的出现，代表着青铜文化的产生，在墓中还殉有猪、羊等动物的下颚骨，这充分说明了蒙古草原开始进入了游牧时代。

1982 年，中国社会科学院考古研究所与敖汉旗博物馆联合进行文物普查时发现了兴隆洼文化遗址，距今已有7600多年的历史。该遗址自2001年5月开始发掘以来，已清理出兴隆洼文化时期的房屋遗址1000余座，灰坑30座。兴隆洼文化遗址是一处保存完好的原始"聚落遗址"，对研究原始社会形制和建筑特点提供了直接物据；它也是目前国内保存最好、规模最大、时代最早的新石器时代遗址，被考古界赞誉为"中华远古第一村"。

赵宝沟文化遗址距今约7000年，首次发现于敖汉旗高家窝铺乡赵宝沟村，它与兴隆洼文化前后衔接，其原型形成于兴隆洼文化中晚期。遗址总面积约9万平方米，已发现的房址和灰坑有140余处，遗物有陶器、石器、骨器和蚌器。赵宝沟文化石器的主要特点是磨制器与丰富的细石器共存。赵宝沟文化出土的陶器质地多为夹砂陶，陶色为黄褐色，也有红褐色，陶器均为手制，器形较为简单。主要纹饰有拟动物形纹、抽象几何形纹和之字形纹。赵宝沟文化反映了赤峰地区先民的社会结构，为探讨北方农业起源提供了宝贵资料。

红山文化遗址距今五六千年左右，首次发现于赤峰红山。在内蒙古境内，主要分布在锡拉木伦河和老哈河流域的赤峰市境内和哲里木南部地区，分布面积达20万平方公里。红山文化处于母系氏族社会的全盛时期，经济形态以农业为主，兼以牧、渔、猎并存。红山文化是中原仰韶文化和北方草原文化在西辽河流域相碰撞而产生的富有生机和创造力的优秀文化，内涵十分丰富。它的遗存以独具特征的彩陶与之字型纹陶器共存，且兼有细石器的新石器时代文化。手工业达到了很高的阶段，形成了极具特色的陶器装饰艺术和高度发展的制玉工艺。红山文化的玉器已出土近百件之多，其中大型碧玉猪首龙最为突出，是红山文化玉器的代表作，也是目前中国出土时代最早的龙形玉器，被誉为"天下第一龙"。由于赤峰境内出土了多种龙表玉器，所以赤峰被称为龙的故乡，红山文化的先民被认为是龙的传人。

富河文化遗址距今五千年左右，现已发掘出的遗址有富河沟门、金龟山和南杨家营子三处。它也是一处聚落遗址，村落分布在河旁的山冈或高地

上，房屋建于朝阳的南坡。富河文化陶器都是夹砂陶，质地疏松，火候不高，陶器表面的颜色为褐色，以黄褐色居多，灰褐色次之。富河文化大型石器绝大多数为打制，形状规整，制作精致，不同的形制，适于不同用途。遗址中的生产工具，锄、锛、凿是最多见的，皆经过精细的加工，富有特色。除了陶器、石器外，还有相当多的骨器。在富河文化遗址的骨器中发现有卜骨，它是我国迄今发现的年代最早的卜骨，为探讨古代占卜起源问题，提供了重要资料。

小河沿文化遗址距今约3000年左右，是以敖汉旗小河沿乡白斯朗营子南台地遗址命名的。该遗址出土了大量陶器、石器和装饰用品。在陶器的器座上还出现镂空的做法，表明当时已经掌握了精湛的钻孔技术。有些陶器上还发现了原始的图画和文字符号，说明小河沿文化进入了一个更为文明的历史阶段。小河沿文化的先民们从事农业而兼营狩猎业，过着定居的生活，并且开始进入追求和丰富精神生活的时期。

海生不浪文化遗址发现于20世纪50年代，位于县城南15公里，中滩乡海生不浪村北500米的台地上，背靠山坡，面临黄河，面积约为15万平方米。遗址中遗留下来大量的房址、火灶、灰坑以及生产工具和生活用品，代表了内蒙古中南地区新石器时代各时期的文化，从中影射出史前家庭性质和家庭形态发展变化的规律。在陶器的彩绘图案上，绘有竹竿、竹叶等装饰图案，说明当时在海生不浪生长有竹子，为研究这一地区的土壤、气候、降雨量、气温、空气湿度及地下水位等情况提供了宝贵的研究资料。海生不浪文化遗址曾被认为是属于仰韶文化时期的遗址，但经过多次勘察和研究发现该遗址的文化内涵具有鲜明的地域特点，有别于中原地区的仰韶文化，它是仰韶文化在这一地区的继承和发展。

朱开沟文化遗址位于鄂尔多斯高原东部的伊金霍洛旗纳林塔乡正北的朱开

沟村，1974 年被发现。自 1977 年到 1984 年考古工作者对遗址先后进行了四次发掘，发掘面积约 4000 平方米，共发现居住房址 87 座、灰坑 207 个、墓葬 329 座、瓮棺葬 19 座，出土可复原陶器 500 余件，石器、骨器和铜器约 800 余件，为考古提供了丰富翔实的资料。其中，最引人注目的是在朱开沟遗址中出土了具有地域特点的青铜短剑、铜刀、铜牌饰等青铜器，这些青铜器与中原商代的剑、刀有明显的差别，与内蒙古东南部夏家店上层文化等中国北方地区的青铜短剑、铜刀、铜牌饰等相似，这就是被后人广为流传的"鄂尔多斯式青铜器"。另外，朱开沟遗址的墓葬也很有特点，此时出现了男女合葬墓和男女多人合葬墓。其中合葬墓中死者的社会地位有差别，埋葬的位置也不同，在墓中还殉有猪、羊等动物的下颚骨，殉牲数目不等，这说明了当时这里不仅盛行殉牲习俗，而且也反映了当时的社会已经不再是氏族社会，而是进入了奴隶社会。

3. 充满活力的草原民族

欧亚大草原自远古起就有游牧民族在这里生息繁衍，匈奴人、鲜卑人、契丹人、满族人、回鹘人和回族人先后称雄蒙古草原，在漫长的历史进程中谱写了别具一格的草原文化。蒙古草原是游牧民族的摇篮，匈奴、鲜卑、契丹、满族、回鹘并不是完全不相干的民族，他们生活在同一地域的不同时代，后者是在前者的基础之上发展起来的。因此，他们在经济方式、人口构成、语言文字和心理素质、民间风俗等方面有着很大的相似性。

（1）勇敢善战的匈奴人

匈奴是第一个统一蒙古草原的游牧民族。一提起匈奴，就会使人把它和战争、暴力、流血联系起来。的确，匈奴是个崇尚武力的民族，在公元前 3 世纪到公元前 5 世纪，他们通过战争曾震撼东西方。通过武力，匈奴人在东方兼并了周边民族，形成了一个东起辽河、西越葱岭、北达贝加尔湖、南抵长城的强大草原帝国。匈奴人建立了草原帝国，打通了东西方壁垒，通过和平交流和暴力冲突的方式，与其他民族文化彼此影

响，促进了东西方经济文化交流，使草原文化更加充满生机和活力。

匈奴势力最盛时大约是秦末汉初，后来由于天灾人祸和汉军的打击，匈奴势力逐渐衰退。汉代匈奴在历史上曾经发生过两次分裂：一次是公元前 57 年左右出现的五单于并立局面，最终呼韩邪单于于公元前 53 年归汉，引众南徙阳山附近；另一次是东汉光武帝建武二十四年，匈奴日逐王被南边八部拥立为南单于，袭用其祖父呼韩邪单于的称号。匈奴由此分裂成南北二部，南下附汉的称为南匈奴，留居漠北的称为北匈奴。西晋时，南匈奴人逐步转向定居农耕生活。他们仍然聚族而居，社会结构上基本没有变化，只是在生活习惯和文化教养上受到汉文化的影响和改变。304 年，刘渊建立政权，民族共同体开始瓦解，并逐渐汉化。北匈奴战败后部分西迁，归附于新兴起的鲜卑。

(2) 勇于开拓的鲜卑人

鲜卑本为东胡部落的一支，是我国北方阿尔泰语系游牧民族。鲜卑起源于辽东塞外鲜卑山，由此命为族名，后主要活动于内蒙古东部科尔沁旗哈古勒河附近（今内蒙古通辽市），从此势力逐渐强大起来。

对鲜卑民族具有突出贡献的首领要数檀石槐，他不仅统一了鲜卑诸部、建立了军事部联盟，而且还任用汉人，实行汉化，从而促进了鲜卑社会的发展。檀石槐死后，联盟瓦解，各部落附属汉魏。而后，内迁的鲜卑慕容氏曾先后建立前燕、后燕、西燕、南燕；乞伏氏建立西秦；秃发氏建立南凉。248 年，拓跋氏以盛乐为中心建立了部落大联盟，为建立"代"政权和"北魏"王朝奠定了基础。312 年，拓跋之孙猗卢称代王，猗卢死后什翼犍被推举为代王，统治了 39 年之久。什翼犍死后，国家分裂成东西两部，东部由刘库任统辖，西部由卫辰统辖。刘库任死后，什翼犍的孙子拓跋珪为魏王，标志着北魏的建立。拓跋珪征服了周边其他的部落，形成了一个新的民族共同体——鲜卑族。

北魏是中国历史上第一个由游牧民族建立的比较稳定的封建王朝。拓跋珪建立北魏之后，经过文明太后和孝文帝拓跋宏的大胆改革，为中国的统一奠定了基础。拓跋宏是个很有作为的帝王，他在位期间在政治、经济、文化上实行了很多有益的改革。他实行了均田制、实行汉化并改革鲜卑旧风俗。均田制的实施体现了游牧和农耕的巧妙结合，实行汉化和改革鲜卑旧风俗，其中包括语言、服饰、丧葬、通婚、吏治、门阀等方面的汉化规定，不同程度地消除了鲜卑和汉民族间的矛盾，加速了鲜卑族的汉化进程，对当时经济发展和民族大融合起到了积极的推动作用。

帝王的各种政策使鲜卑族和汉族很快地融合在一起，但与北部的游牧民族又构成了新的矛盾。匈奴后裔尔朱荣联合北方游牧部族攻克了北魏首都洛阳，杀死了皇帝，结束了北魏的统治。北魏灭亡后，鲜卑族人的归宿是多向的，其中留在蒙古草原的鲜卑人被突厥征服之后成了突厥的组成部分，也是后来契丹和蒙古族的祖先。

（3）频频战争的突厥人

在鲜卑人之后，突厥人称雄于蒙古草原。突厥是一个以阿史那氏为核心的部落，是在吸收匈奴人、鲜卑人和其他众多民族成分的基础之上发展壮大起来的。

546年，阿史那氏部落酋长土门打败和吞并铁勒各部5万余众，突厥开始登上历史舞台。551年，土门以漠北为中心建立了突厥政权，史称突厥汉国，土门自称伊立可汗，伊立可汗去世后在其弟木杆可汗的统治下突厥的势力更加强大。572年，木杆可汗去世，佗体可汗继位。581年，隋文帝对突厥采取了"远交近功、离强合弱"策略，加速了突厥的分崩离析。自佗体可汗去世之后，经过激烈的内部纷争，出现了沙钵略可汗、第二可汗、阿波可汗、达头可汗、突利可汗，这五个可汗之间互不统辖的趋势日益明显。而后突厥分裂为东西两部分。最终，隋朝降服了突厥。突厥主体于586年成了隋朝的有机组成部分。隋末唐初，

中原大乱，始毕可汗雄踞北方，一些地方为了得到援助与突厥相勾结。始毕可汗曾率兵帮助李渊父子入关建立唐朝。始毕可汗去世后颉利可汗继位，颉利可汗在义成公主等的怂恿下大举侵唐。但是由于唐朝的不断强大和不可侵犯，突厥内部厮杀开始激化。最终，李靖率军于 630 年击败颉利可汗，东突厥汗国灭亡，自阴山北至大漠归属为唐朝版图。679 年，归单于都护府管辖的突厥二部落起兵反唐，680 年被唐朝军队在黑山歼灭。682 年，阿史那咄禄建立了一个相对稳定的突厥政权，史称后突厥，但 745 年被唐朝歼灭，突厥政府宣告灭亡。

突厥人最突出的贡献是推动了奴隶制度，促使奴隶社会进一步向前发展。突厥人通过战争把被俘的游牧民族和汉族都归属为奴隶，所以他们所拥有的奴隶数是相当惊人的，并且大多数是异族奴隶，自然导致阶级矛盾和民族矛盾的激化，这也是突厥政权不稳定的内在原因。突厥土崩瓦解后，一部分西迁或融入汉族，另一部分则留在草原，成为契丹和蒙古族兴起的基础。

（4）创造辉煌的契丹人

契丹族是中国历史上具有深远影响的少数民族，4 世纪时，契丹从鲜卑族中分离出来，游牧于黄水（今内蒙古赤峰市境内的西拉木伦河）、土河（今赤峰市境内的老哈河）一带。

契丹本是属于东胡族系，是鲜卑的一支，在唐初形成部落联盟。628 年，契丹部落联盟归附唐朝；907 年，建立了政权；916 年耶律阿保机创建契丹国；947 年，改国号为辽，统一了中国北方；1104 年，与宋朝订立澶渊之盟，形成辽、宋、西夏三足鼎立的政治割据局面；1115 年，完颜阿古打称帝建立金国；1116 年—1122 年，辽在与金的战争中节节败退；1125 年，天祚帝在应州被俘，辽被金所灭，结束长达 210 年的统治；1124 年，在辽即将灭亡时，耶律大石与天祚帝分裂，率兵占领漠北可敦城后又西迁；1132 年，在叶密立（今新疆塔城一代）称帝，建立西辽政权黑契丹，又称"哈喇契丹"；1218 年亡于蒙古帝国。

虽然辽已经灭亡了，契丹人却仍然企图恢复契丹王朝的统治，因此经常发生起义和暴动，但是都没有成功，反而却很好地配合了蒙古灭金。最终，留在草原上的契丹人大部分转变成了蒙古族而称霸草原。

辽的建立实际上是奴隶制向封建制转变的一个标志。帝王大量任用汉人，在与中原和西方各国的交往中，不仅加速了民族融合，而且还采纳了他们在经济、政治、军事、文化等方面的政策，从而促进了本民族的迅速发展，为开发蒙古地区和中国东北发挥了重要作用。

契丹人自从阿保机建立契丹国后，社会生产有了显著的提高，农业、畜牧业、手工业等社会生产的各个部门都有很大的发展，为契丹人东征西讨提供了物质基础；辽时期的冶铁业十分发达，制造的铁制农具可以和中原工具相媲美；手工业门类齐全，工艺精湛，契丹鞍与端砚、蜀锦、定瓷被并列为"天下第一"；辽瓷在中国的发展史上占有重要的地位，在辽代就可以生产白釉、单釉和三彩釉瓷和官窑器皿，被誉为"草原瓷都"；在教育方面实行设学养士和科举取士；在文字上，契丹人创造了契丹大字和契丹小字两种不同类型的文字，这种文字使用了好几百年，不仅传播了本民族的文化，而且还极大地影响了西夏和女真文字；辽代盛行佛教，河北丰润县天宝寺塔发现的佛经，内蒙古巴林右旗释迦佛舍利塔中发现的佛经，为我国佛教的传播作出了卓越的贡献；艺术上同样也出现了很多具有艺术价值的作品，如《卓歇图》《秋林群鹿图》《射骑图》等；在建筑上，契丹人按着游牧民族的习俗在草原上建立了五个著名的草原都城，即上京、中京、东京、南京和西京。另外，在辽国境内还建造了很多佛塔和佛寺，也突出地体现了契丹人的建筑风格；除此之外，在衣食住行、婚嫁、丧葬和风俗习惯等都很有民族特点。契丹人为开发蒙古地区和中国东北发挥了重要作用，他们创造了光辉灿烂的古代文明，留下了契丹族辉煌的历史。

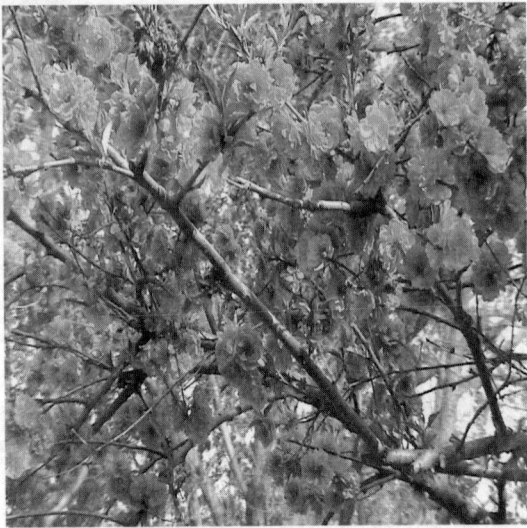

（5）草原上永久的主人——蒙古族

蒙古族自称蒙古，其意义为"永恒之火"，人们又称他们为"马背上的民族"。蒙古继承了匈奴等草原游牧民族的传统，最终成为草原上永久的主人。

蒙古族历史悠久，起源于大约7世纪的唐朝望建河（今额尔古纳河南岸）的一个部落。有关蒙古起源问题，众说纷纭，但可以肯定的是蒙古起源问题与中国北方的东胡、鲜卑、契丹、室韦有着密切的渊源。

12世纪，蒙古部首领铁木真连续击败蒙古纷争部落，统一蒙古，建立了蒙古贵族政权。1206年，铁木真建立蒙古国，并被推举为蒙古大汗，号成吉思汗。1219年，大蒙古国统一了中国北方，此后在成吉思汗的率领下，不断西征，版图扩大到中亚地区。打通了亚洲和欧洲的陆路交通线，促进了东西方文化和经济交流。1271年，蒙古改国号为元，忽必烈由蒙古大汉变为大元皇帝。元朝的建立标志着草原和中原的统一。1279年，蒙古灭南宋，确立了现代中国的版图，巩固和发展了我们多民族的国家。1368年，元朝灭亡。明代，蒙古族分为"鞑靼"和"瓦剌"两大部。

在蒙古草原上，匈奴、鲜卑、柔然、契丹、突厥、蒙古都先后是这里的统治者，匈奴、鲜卑、柔然、契丹、突厥等民族都已经成为了过去时，只有蒙古民族至今仍活跃在蒙古高原上，成为了草原名副其实的主人，谱写着漫长而古老的草原文化史。

他们通过长期的实践形成了自己的语言文字，称蒙古族语。13世纪，以畏吾儿字母创制，经过本民族多次改革逐渐形成了文字。忽必烈在位时，曾创制蒙古新字句"八思巴文"。17世纪中叶，喇嘛僧人"咱雅班第达"把蒙古文字稍加改动，形成一种叫"托忒"的蒙古文，这种蒙古文很适用，在新疆蒙古族内通用。

蒙古族信仰宗教，早期信仰萨满教，元代以后大都改信喇嘛教格鲁派（即黄教）。在明、清时期，信仰喇嘛教的人数占全部人口的三分之一。

　　蒙古族对中国的史学文化作出了突出的贡献。《蒙古秘史》是 13 世纪中叶记载蒙古族历史、文学的一部极为珍贵的历史著作，它详细记录了从成吉思汗到窝阔台时期的历史，是蒙古族文学史上第一部由文人创作的书面文字经典作品。另外，《宋史》《辽史》《金史》也是我国重要的史学著作，这些书中记载了宋、辽、金时代大量国史、实录等历史文献，为后代留下了宝贵的文化遗产。

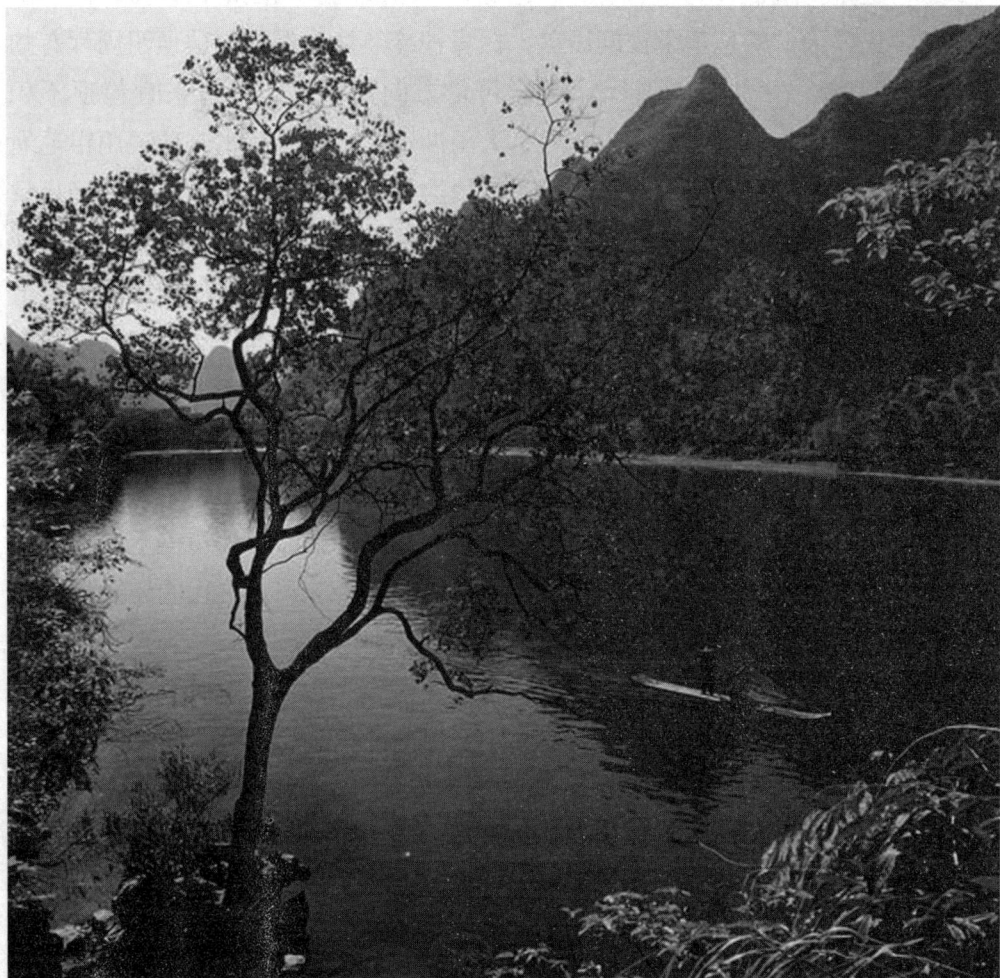

三、富有特色的草原文化

（一）物质文化

1.蒙古包

蒙古包是由陶恼、乌乃、哈那、毡墙和门组成的。陶恼是指天窗，位于蒙古包顶中央，天窗的毡顶于夜间压盖，白昼视冷热情况揭开。毡顶四周都有扣绳，可依方向而调整，风雪来时包顶不积雪，大雨冲刷包顶也不存水。毡顶用粗毛绳做边，里边用粗毛绳轧云型图案。乌乃是蒙古包顶的组成部分。把长2米左右的乌乃杆插进天窗的窟窿里，其数量与围成圆壁后上端交叉处的叉口数量相等，然后用马鬃绳和驼毛绳串起来，同陶恼形成一个整体；哈那即蒙古包的伞形骨架，它是由交叉形式组合成做墙壁用的结构片，多用柳条编制，像伞架一样舒卷自如；在哈那外边盖上羊毛毡加以封闭。蒙古包的门一律开向东开，这样可以躲避西北风。古代的游牧民族都有以日出方向为吉祥的传统，这个风俗为北方游牧民族所共有。

蒙古包大致可以分为三种：一是转移式蒙古包。它与固定式蒙古包一样用毛毡做屋盖和屋墙，其构造、形状、大小及屋内的格局也相同。转移蒙古包与固定蒙古包的主要区别是：其支架不必永久性地固定，院内不必用木栅围绕，包内的装潢也比较粗糙。二就是固定蒙古包，毡屋周围的土地必须砸实，院内要用木栅围绕，包内的装潢也较为讲究。第三种是古代的幹儿朵。幹儿朵又称"金殿""金帐"，即宫帐，是一种极富表现力的创造。宫帐的造型与蒙古包略有区别，它的架子是在固定乌尼的筐状木头上插入乌尼，并竖起哈那制成的。外形像人的脖子，称为"发屋"。宫帐上面呈葫芦形，象征福禄祯祥。宫帐内的装饰金碧辉煌，极为富丽，表现出特有的民族风格。

蒙古包是适应游牧经济特点而制作的，它具有以下优点：首先其制作简单，拆除方便，易于迁徙。蒙古包搭盖迅速，通常出自妇女之手，几小时之内便可以完成。其次蒙古包的保暖性强。蒙古高原草地"五月始青，八月又枯"，为抵御凛冽的寒风和漫天的风雪，蒙古包必须有较强的保暖能力。

游牧民族为逐水草、便畜牧，蒙古包搭盖地点的选择也有一定的规律。首先要选择距离水草近的地方，其次要在通风处。《青海记》中有这样的记载："夏日于大山之阴，以背日光，其左、右、前三面则平阔开朗，水道便利，择树木阴密之处而居。冬日居于大山之阳，山不宜高，高则积雪；亦不宜低，低不挡风。左右宜有两狭道，迂回而入，则深邃而温暖。水道不必巨川，巨川则易冰，沟水不常冰也。"总之，夏季要设在高坡通风之处，避免潮湿；冬季要选择山弯洼地和向阳之处，寒气不易袭入。牧人们常说："前有照，后有靠。既没有照，也没有靠，也应有抱。"意思是说，蒙古包前面要有充足的阳光和充足的草滩，后面要有阳坡或高地，这两种要求都无法达到时至少附近要有河流或小溪。

牧民在蒙古包内放置日用品也是有一定顺序的。通常西北面放置佛龛，北面床桌，西南面的哈那上挂有牧人所用的马鞭和其他骑马工具。东边放置有绘制出图案的竖柜，东南面置放炊具。牧人在蒙古包内外均有悬布族的习俗，布族除书有喇嘛经卷外，还有一种风马的图案。在旗杆上的风马旗帜是吉祥、兴旺、繁荣昌盛的象征。

广阔无垠的草原像是天空，蒙古包是白天里的点点白云，是夜里的闪闪群星。牧人的民歌里这样唱：

因为仿照蓝天的样子

才是圆圆的包顶；

由于仿照白云的颜色

才用羊毛毡制成；

这就是弯庐——

我们蒙古人的家庭。

2. 奶制品

蒙古牧人崇拜白色，认为白色是吉祥、圣洁、长

寿和善良的象征。蒙古牧人在远古时代就崇拜苍天，认为苍天是白色的，天上的日月星辰是白色的。天上降下的雪也是白色的，所以白色是那么高远、那么纯正、那么富于生命力。

蒙古草原牧民的传统食品分为乳食、肉食和粮食三大类。所谓的乳食就是乳制品，蒙古语称"查干伊德"，意为"白食"；肉食，蒙古语称"乌兰伊德"，意为"红食"；粮食，蒙古语称"阿木巴达"，意为"口粮"。

蒙古草原夏季主食是奶食品。人们在夏季贮存冬季食用的奶食品。冬季主食是肉食品，初冬每家每户宰杀一些羊、牛等牲畜，贮备冬季的口粮。夏季贮备的各种奶食品以及面粉、杂粮等，也供冬季食用。

占主导的游牧经济和特定的地理环境，决定了草原牧民的主食是"白食"与"红食"。奶食也称白食，因奶的颜色而得名。在逢年过节，操办喜庆宴席进行各种祭祀活动时，都要首先向天泼洒奶制品，以此为祭。用奶食向苍天弹祭，作为吉祥的"德吉"，德吉即食品中的第一口，表示尊敬。

牧人制作的奶制品非常丰富，有奶皮子、奶酪、奶酒、奶豆腐、酸奶等。夏秋季节，将鲜乳放在锅中，慢慢煎煮，煮沸后鲜奶上会聚集一层薄脂肪，称为奶皮子。奶酪的颜色清澈如水，是草原牧人喜欢的奶食品。奶油是将黄油所剩余的奶水放到热处待其蒸发沉淀，把沉淀下的奶块装入布袋压榨，捏成各种形状，晾干即可。取出奶油后其下沉如豆腐汁者，经火慢慢熬煎，再压榨，倒入木模，再切成小块，在太阳下晾干即为奶豆腐。奶豆腐有的微酸，有的微甜，为牧人冬季之上乘食品。木模上刻有各种各样的吉祥图案，因此奶豆腐又像精美的艺术品，酸奶即发酵后的牛奶、羊奶，其又酸又甜的滋味沁人心脾。

草原除盛产大量的牲畜产肉外还产乳，产肉的时间较为缓慢，但产乳是经常的。盛乳的器皿为乳桶，有木制、铜制、皮制等数种。木制的呈圆柱形，有的有木把，有的没有木把；铜制的和铁制的乳桶呈圆柱形，桶的两端及中间的手把处均有花纹，既美观又结实耐用；还有更讲究的为镶银乳桶。

在牧人的奶制品中，最富于特色的是奶茶和奶酒。奶茶用砖茶制作。首先要煮熬几分钟，非常注重火候，煮熬后掺入牛奶和盐即为奶茶。有些地区的奶茶还掺入小米、奶皮子、奶油等各种作料。在寒风凛冽的冬日，牧人归来之时，蒙古包内飘出的奶茶的馨香使人感到无比欢欣舒畅。游牧民族的奶文化和茶文化很有特色，其使用的器具的形式也别具一格。其茶壶多为铜制，造型各异，大多为圆形和椭圆形，茶壶亦有银制的。草原人盛奶茶还用一种高筒壶称作"黎花东布"，有以木制，有以铜制，有的还有传统图案。牧人喝酒和喝奶茶常用银碗，银碗一般以木制成后镶银，银碗外装饰有传统的云纹、犄纹、回纹和花草枝蔓形状的花纹，顺着器型回旋周转的韵律，造型虚实错落，活泼生动。

3. 马奶酒

马奶酒主要原料为马奶，含有丰富的乳、油、糖、矿物以及多种维生素营养成分，是牧民们出外狩猎、放牧的最佳饮料。制作马奶酒的最好季节是每年夏秋季，发酵时间从数小时到3—5昼夜不等。马奶酒含酒精较少，大致为1.5度到3度。

马奶酒，蒙古语称"彻格"，意为"洁白的饮料"。草原牧民自古以来视马奶酒为圣洁的象征。每当制成新的马奶酒后，首先取少许扬向草原蒙古人的"老父亲"——苍天、"老母亲"——大地以及祖先，表示感激之心。

牧民把制造马奶酒的曲——酵母视为传家宝。曲，蒙古语称"胡仁格"，意为"资本"。因为光有马奶是酿造不出马奶酒的，有了保存很好的曲，才能酿造出可口的马奶酒。夏季家家户户酿造马奶酒的时候，缺曲或曲不太好的牧民不得不向邻居求援，蒙古语称为"胡仁格扎拉乎"，意为"请曲"。蒙古族传统观念认为，马奶酒曲是具有生命的、不断争取向上的神圣食物，因此，牧民们像对待自己的幼儿一样日夜照顾马奶酒曲。他们认为，要是马奶酒曲受了"污"，会"生病"；如果天气冷，会"凉"着，因此天气一有变化就

立即在皮囊外面加套毡子或皮子；如果天气太热的话，则把皮囊放在荫凉处，以保持恒温。马奶酒曲必须每天加鲜马奶，否则会"饿坏"它，但也不能加太多，多了会"撑坏"。正因牧民们把曲当作传家宝和有生命的活精灵，所以，好的曲是一个家庭兴旺的象征。因此，不可随便把人家的曲拿走，必须举行一定的仪式去请曲。但一天只能许给一家，并且即使是至亲亦不能"赠送"。此外有老亲家们不能互相"请曲"之俗，因为蒙古族婚姻习惯法严格要求遵守族外婚姻的原则。老亲家们虽然来往频繁，关系十分密切，但毕竟是外姓人。马奶酒曲是本家族的传家之宝，是兴旺升腾的象征，不能送给外族人。"请曲"人临出家门时，还故意和主人顶撞、吵闹，佯装厮打。蒙古族传统观念认为，如此仪式过后，这些有着旺盛生命力之物便对自己的主人不会有什么抱怨，甘心情愿地留在新主人家。

马奶酒是蒙古草原各游牧民族都喜爱的饮料，从历史上的匈奴、东胡、乌桓、鲜卑到现在的蒙古、哈萨克、鄂伦春、柯尔克孜、乌孜别克等民族都把马奶酒当作上乘饮料。马奶酒在草原牧民的日常生活中占有重要地位，也是草原文化的重要组成部分。人们视马奶为纯洁、神圣的象征，是最能代表美好祝福的珍品，在实际生活中则有充饥、止渴及药用价值。马奶酒在蒙古族传统的各种祭祀活动中是首要祭品，又是奉献给尊贵客人和亲朋好友的珍贵礼品。

4.服饰

草原民族惯用的服饰有袍、裤、坎肩、答忽、腰带、缠头、帽子、靴子等。

长袍

蒙古式长袍蒙语称"德勒"，皆右开襟，缀对扣或排扣，大多数扣子是银或铜制的。长袍一直是蒙古、达斡尔、鄂温克、鄂伦春、裕固等蒙古草原民族所喜爱的服装，各个民族的长袍虽然各有特色，但高领、长袖、镶边、宽大却是共同特点。

草原牧人一年四季皆着长袍。春秋穿夹袍，夏季穿单袍，冬季则穿皮袍、棉袍。男女老少都穿长袍，喜用黄、绿、红绸子扎在腰里。冬天多穿白羊皮袍、皮裤、皮靴、毡袜子。长袍多做镶边。男服特别是白羊皮袍镶单边者为多，平常用黑、红、蓝布或绒线在领子、袖子和衣边上绣上花边。青年妇女的衣服比较讲究，冬夏长袍都镶有较宽的绣花边或金银丝绸边。

蒙古式长袍是适应游牧生活和草原自然条件的服装。白天长袍用来保暖，夜间则可当被子盖，腰间用带子一束可长可短，骑乘、行走都很方便。长袍腰带的主要作用是骑马时能保持腰椎骨的稳定垂直。男式长袍肥大，宽领长袖，地区差别不大。女式长袍，各地差异较大。布里亚特女式长袍腰紧肩宽，东部女袍带开衩。

坎肩

坎肩是一种既实用又具有装饰作用的服装。旧时蒙古男女贵族多穿四合如意坎肩。坎肩蒙语叫"乌吉"，是长袍外面穿的一种外衣，分长、短两种。传说，现在蒙古人穿的"坎肩"是元代忽必烈汗的夫人察必弘吉剌创制的。妇女们穿上长袍，外加紧身的坎肩就可不束腰带。穿坎肩是已婚女子的标志，穿上坎肩就可以生育了。蒙语的"布斯贵"一词就是由此而来的。"布斯贵"意为妇女，直译就是"不束腰带的人"。长坎肩——"乌吉"是草原上已婚妇女的礼服。已婚妇女若不穿坎肩会被认为是对客人和长辈的不尊重和对自己的放纵，穿上前后开襟的长坎肩则标志庄重富贵。男子的坎肩一般都很短小，通常不加镶嵌边。

帽子

由于地处高原，牧民又长年在野外游牧，冬日风暴严寒，夏季烈日炎炎，帽子成为御寒抗风不可缺少的生活必需品。因此牧人一年四季都戴帽子。蒙古草原牧民一般冬天戴鹰式皮帽，其形状若苍鹰，多用羊羔皮制作，用布做里子。这种帽子俗称"蒙古帽"或"草原帽"，也叫"风雪帽"。这种帽子顶是尖的，阻风力小，卷檐，展开可遮住耳、腮、脖子，也可遮棚远眺。

对草原牧民来说，帽子是极为神圣的，不许任何人随意乱动乱摸。乱

动别人的帽子会被视为对主人的轻蔑。蒙古传统文化认为帽子是身份的标志，古代草原牧民根据人们所戴的帽子识别这个人的身份和社会地位。草原上的牧民尤其是妇女至今仍保持着尊重帽子（头巾）的习俗。她们与客人见面时必须戴帽子或扎头巾，否则会被认为是对客人的失礼。

靴子

靴子是草原游牧民族的生活必需品。蒙古族牧民一年四季脚不离靴，因为它极其适应游牧生活。牧民骑马时，双足下垂，两腿与马腹相贴，所以穿靴可以护腿，夏天可防虫防蚊，冬天可御寒。靴子的种类也很多，主要有传统蒙靴、马靴、圆头靴子和一种名叫"马海"的布靴。传统蒙靴系用牛皮、马皮、驴皮制成。

蒙古式靴子的特点之一是不分左右脚。靴身宽大，可套毡袜或棉袜穿，靴内有时衬皮或衬毡。传统的蒙古靴是尖梢上翘，靴身宽大，靴帮通梁和嵌条牙为绿色，靴帮为古铜色或棕色。蒙古式靴有皮靴和布靴两种。皮靴一般用牛皮或马皮制作，这种靴的特点是结实耐用，防潮防水，防寒性较好。传统蒙古靴的皮帮比较结实，靴底子坏了还可以换。布靴多用黑布或条绒制作，上边用彩色丝线绣成美丽的云纹、植物纹饰和各种吉祥的几何图案。布靴内有长筒毡袜。一般来说，毡袜的腰比布靴腰高出约一寸，高出部分还用红布镶边。蒙古式布靴穿起来柔软轻便。另外，蒙古族牧民还用羊毛制作毡靴、毡袜。毡靴、毡袜防寒性能极好，适于冬季放牧穿用。

蒙古族男式布靴一般以蓝色、黑色较多，靴上的图案也多用蓝、黑色线绣成。女式布靴以绿色、红色为多，靴上的图案和花纹绣得极为精制美观。布靴上的图案一般都是鲜花、青草、蝴蝶、云彩等自然景物。不论绣什么图案，其花纹等绝不会出现偶数，因为蒙古族人以奇数为吉祥数。

多彩的长袍、精致的坎肩或者鞋帽上随意一处花纹，都是美丽草原的水光山色经过纯净的牧人心底的润饰和陶冶，化为的美丽图案。这些图案不仅是多彩多姿的草原写照，更是牧民美好心灵的投影。

中国北方地域文化

（二） 精神文化

1. 长调

2005 年 11 月 25 日，联合国教科文组织在巴黎宣布第三批世界非物质文化遗产代表作名录，蒙古族长调民歌位列其中。这意味着，蒙古族长调民歌不仅成为中国目前仅有的四个世界非物质文化遗产代表作之一，也是蒙古族第一个经过国际权威机构认定的具有世界级文化地位的艺术样式。

"长调"是蒙古语"乌日汀哆"的意译。乌日汀为"长、久、永恒"之意，哆为"歌"之意，在相关著作中也将其直译为"长歌""长调歌""草原牧歌"等。相对于结构短小方整、节奏节拍均匀的蒙古族短调民歌来说，长调不仅是蒙古族人民关于此种文化表现形式的通行称谓，同时也较为确切地体现了其音乐风格和音乐形态。

长调在蒙古族文字产生之前和产生之后的七八百年间，始终是以口头歌唱和口传继承的方式延续着。在这种传承过程中，伴随其民族地区的方言、文化、宗教、交往方式、自然环境生态、生活方式等特点的形成和发展，逐渐形成了各部族的独特风格系统，并成为全体蒙古族人智慧的结晶。

长调的拖腔体音乐文化形态在旋律形态、音乐结构以及演唱方式方法及其技术技巧上，均展现了高度抒情化的特点。其歌腔化旋律形态的复杂性和拖腔结构的悠长宏大，并非毫无规律和分寸感，这种规律和感觉来源于骏马、骆驼的步伐以及雁去雁归、草木枯荣为时节的游牧生活节奏。这种节奏决定了长调节奏特色的内在根本。

长调民歌的题材有牧歌、思乡曲、赞歌、婚礼歌和宴歌等，可以说，与蒙古族社会的全部生产生活内容相联系。它是蒙古族节日庆典、婚礼宴会、亲朋相聚、"那达慕"等活动中必唱的歌曲，贯穿于蒙古民族的全部历史和全部社会生活中。

长调民歌承载着蒙古族的历史，反映着蒙古民族文化的本质；长调民歌与蒙古民族的游牧生活方式息息相关，与蒙古族的语言、文学、历史、宗教、心理、世界观、生活观、人生观、风俗习惯等紧密地联系在一起。无论过去、现在还是将来，长调民歌不仅是蒙古民族最精美最典型的文化样式，也是蒙古民族生存方式的标志性展示。同时，长调民歌在人类文明史上是草原游牧文明的典型代表，其所独具的悠长宏大的表现形式以及契合人类生存和发展理念的内涵，是蒙古民族对人类文化的重要贡献，是人类文化中闪烁着草原民族智慧之光的瑰宝。

2. 那达慕

"那达慕"意思就是玩，是内蒙古草原上的盛会。原来是在祭敖包以后，大家尽情地欢乐，玩的项目很多。一般在牧草茂盛、牛羊肥壮的夏末秋初时举行那达慕大会。牧民们在那达慕上出售牲畜和畜产品，购买生活用品和生产资料，同时还有文艺演出及各种比赛项目，那达慕的传统项目主要是赛马、射箭、摔跤。

赛马是引人注目的活动项目之一。马是蒙古族人民游牧生活中不可缺少的伙伴，也是蒙古族人民最重要的交通工具，更是军事战争中不可缺少的成员。骑马则是蒙古族男子的三项竞技之一，从五六岁的孩子，到年过花甲的老人，无人不会骑马。赛马又分跑马和走马两种。跑马是比驰骋疾跑的速度与赛程，主要由青少年参加；走马是比毅力与平稳，主要由中老年人参加。传统的蒙古式赛跑马，不备马鞍，不穿靴子，这样可以考验一个骑士的真本领，马也不受束缚而能加快速度。赛马是一种群众性的体育比赛，很受重视，既能鼓励人们精心培育骏马，又能激发骑手刻苦练习骑术。

除赛马之外，有的还进行套马、跳马等表演。射箭也是那达慕大会的活动内容。蒙古式射箭强调准确有力，做到箭无虚发，并能远距离射击。射箭比赛分静射（立射）和骑射。弓箭的式样、重量、长度、拉力等在比赛中无统一规格。男女老幼不分级别，自由参加。在那达慕大会上摔跤也很盛行。真正的蒙古式摔跤，以比力为主要内容。两雄相争，以倒地为负。清代的蒙古式摔跤称为"演库布"。双方一开始就互相抓握力搏，双方的手允许触及对方臀部以下的部位，但不准碰腿。拼搏是以一跤决定胜负，先倒下为输。随着时代的发展，很多旧的规则都做了改变。现在，那达慕大会成了具有民族特点的传统集会，是一个喜庆的集竞技、娱乐、祝福、贸易于一体的民族体育、娱乐性节日。

那达慕作为蒙古族的传统性节日，在蒙古族风俗习惯中颇具代表性。作为一种风俗，那达慕形成和延续的原因主要有以下三个方面：

（1）那达慕的形成与蒙古民族居住地的自然环境、自然条件、经济条件、经济特点和生产特点密切相关。蒙古族被誉为"马背上的民族"，马与蒙古族人民的生活息息相关。为了生存，蒙古人就不得不强健体魄、习马练箭。

（2）那达慕的形成与蒙古族的信仰有一定的联系。生活在草原上，大自然是人敬奉的对象，人以一种敬畏和崇尚的心态对待大自然，这也是蒙古族人民信仰萨满教的主旨。所以，早期的那达慕是在祭敖包之后，只是祭敖包的一个组成部分。意义是请神灵保佑下一年的丰收。

（3）那达慕的形成还与蒙古民族历史上的社会斗争和军事征伐不无关系。

那达慕是蒙古民族生存方式上的一种精神积淀，里面包含着蒙古民族毕生追求的自由、平等的草原精神。

3. 祭敖包

祭敖包，是蒙古民族自古就有的习俗，这种习俗体现的是蒙古族人民早期的宗教信仰。祭敖包是草原上非常重要和隆重的节日。"敖包"蒙古语语意为"堆"，即是用石块、土块等堆积而成，认为是多种神灵聚居的地方。一般一年祭祀一次，具体时间各地不一，有的在六月初，有的在夏秋选日举行，祈求吉祥，人畜兴旺。而那达慕在祭敖包之后，是祭敖包的一部分。祭祀活动由萨满祭司主持，所祭的神，就是天神、土地神、雨神、风神、火神、羊神、牛神、马神等。据《蒙古风俗鉴》记载："祭敖包是蒙

古人古时信天，而向山川祈祷一切平安的一种活动"。蒙古民族自古尊重天、地、山、水，尤其尊重火。他们认为江河、湖泊和雨水，是由神灵掌管的，如神灵不满就要发怒，带来灾难。为了使神灵满意，规定了许多禁忌。如不准将脏东西抛入河内，不准在河水中大小便，禁止人从井水口迈过，更不准把脏水倒入井中等。他们认为火是神圣的，不准向火中投臭物，在火上乱越，在火上烤脚，也不准把奶倒入火中。此外，还禁止用锐利物品挖地，特别是河边湿地绝不许动等等。所有这些都是为了对天神的崇拜，如果违背了天意，天就要发怒，给人带来灾难，如旱灾、水灾、风暴等。这种祭祀活动和这些禁忌习俗反映的是"万物有灵"的原始宗教崇拜，这一切说明蒙古民族的精神意识中包含着人对自然崇拜的宗教精神。

在蒙古族的早期，生产力低下，他们只能自发地适应自然环境，从而产生了相应的生产方式和生活文化，从而形成了与宗教崇拜有关的祭敖包之后的"那达慕"。随着生产力的发展，人类改造自然能力的增强，生产关系的发展，孕育出了包含新时代草原民族精神的那达慕，而这种观念所体现的正是包括草原文化在内的东方文化的特质——人和自然的和谐统一。

4. 蒙古史诗

史诗这一术语包括口头作品和书面作品，以大家熟知的西方文学传统为例：荷马的《伊利亚特》和《奥德赛》属口头史诗，维吉尔的《埃涅阿斯记》和弥尔顿的《失乐园》等则属书面史诗。这其中的《伊利亚特》则成为现代希腊人的骄傲。

蒙古英雄史诗是民间集体创作的口头作品，并且经历了极为漫长的发生和发展过程。迄今为止，在国内外发现的蒙古语族各种类型的英雄史诗，数量已过 30 部。短的几百行上千行，长的有 3 万诗行的布利雅特《格斯尔》，1 万行左右的有《叶仁赛》和《活到一百五十五岁的老人劳莫尔根可汗》等。

《江格尔》在 15—17 世纪时形成于我国新疆卫拉特蒙古地区，是蒙古史诗成熟期的作品。史诗描写了草原英雄江格尔带领他的如群星闪烁般的勇士们为保卫自己的神圣的乡土而进行多次征战的故事。《江格尔》全诗长 10 多万行，仅其序诗就有 300 余行。

《江格尔》出现在卫拉特蒙古地区，并不是偶然的。当时卫拉特蒙古分裂成为若干个小汗国，一方面其内部的争战此起彼伏，另一方面，它与东蒙古、与明王朝之间也战火连绵。到了 15 世纪 30 年代，其与蒙兀儿斯坦、哈萨克、吉尔吉斯以及布哈拉人和诺盖人之间发生战争。史诗不是历史，它与历史拉开了非常大的距离，但是史诗又具有历史的纵深感和历史的哲学感。历史感是史诗之魂，连绵不断的争战给卫拉特蒙古部落带来了不可言状的苦难。苦难渗透到历史的深层，造就了一个民族的忧患意识，写下了一部最悲壮的心灵史，铸造了一个最朴拙、最深沉、最坚毅、最坦荡的民族魂。当民族的心灵通过史诗表现出来的时候，苦难化作了豪迈，忧患化作了壮美，理想之花化作了瑰丽。在崇拜英雄的时代，江格尔不仅是一位英雄的名字，而是民族光与热的焦点、民族奋起的旗帜和民族兴旺的表征。因此，《江格尔》是草原英雄的绝唱，并成为草原民族之魂。

《江格尔》植根于中华大地上，成为中华民族骄傲屹立于世界民族之林的瑰宝。这支来自毡房的歌不只流传在中国，也让世界的学者为之赞叹不已，研究这首古老悠长的歌的学问被中外学者称为"江格尔学"。

深邃坦荡的戈壁草原，在其干涩的皱褶里，缓缓地流动着蒙古史诗这支古老的歌。那歌萦绕在蒙古草原，陪伴着蒙古民族走过了年年岁岁，经历了世世代代。无论历史的磨砺如何坎坷崎岖，无论民族的危难如何水深火热，这首歌都在草原牧人的心底回荡震颤，重复不已。这种震人心魄的文学艺术至今还闪耀着光芒，为世界的文明奉献着自己的光与热。

草原文化

四、草原文化的基本特征和功能

（一）草原文化的基本特征

1. 崇尚自然的生态特征

草原文化是人类史上最古代的生态文化。特殊的生态环境，使先民们选择了以游牧方式为基础的文化形态。这种生产生活方式是人类在自然面前妥协的结果，是目前为止唯一不破坏生态环境的生产方式。它是人们顺应自然的理想选择，是人类自我牺牲精神和可持续发展思想的具体实践。"以敬畏和爱慕的心情崇尚自然，将人与自然和谐相处当作行为准则和价值尺度"成为草原民族所坚持的亘古不变的真理。他们认为天与地是万物之源，人类与天地万物处在一个不可分割的宇宙统一体中，大自然是人类赖以生存的摇篮。这种质朴的自然观使草原人民形成了强烈的归顺自然、顺应自然、适度师法自然的价值观。

"苍天就是牧民眼里的活佛，草原就是牧民心中的母亲"，草原上的英雄们把保护草原生态视为自己的主要职责之一。在日常生活中，人们不会因为个人利益或生活的方便而破坏自然。牧民们四季轮牧迁徙是为了保护草场；蒙古包用树木的枝干做支架是为了减小对自然的破坏性；蒙古包覆盖包体的是家畜绒毛擀成的毡子，是为了合理利用草场资源；不兴土木建造固定居所，是为了防止居住地周围的草场退化沙化而无法长期可持续利用；对去世长辈和死去的牲畜采用"野葬"，是为了防止因"破土"而引发草场退化或沙化；牧人用牛羊粪和枯树枝作为取暖和炊事的燃料，是为了减少对树木砍伐的数量；严禁在河水、湖水中洗涤污物是为了防止水资源的污染；牧民把草原分成四季营盘，不避严寒酷暑频繁倒场是为了防止草场过度使用……这些措施都充分表现出了草原人民崇尚自然、热爱自然的生态特征。

2. 开放进取的文化特征

"逐水草而迁徙"是草原民族的主要生产方式和生活方式。这种游牧经济造就了他们为争取更大生存地域和空间的开放进取精神。

游牧民族四海为家，他们最大的优点是能够广泛地接纳、吸收、融合外来的异族文化，并让其外来文明能够很好地服务于草原游牧民族自身。例如宗教，北方游牧民族在原始部落时期就形成了自己的原始宗教。历史上的北方游牧民族曾信仰过多种宗教，如古代北方游牧民族的传统宗教萨满教、突厥人信奉的琐罗亚斯德教、回鹘人和蒙古人信奉的摩尼教和伊斯兰教、突厥和蒙古人信奉的基督教等。在古代北方游牧民族中传播最广、影响最大的是佛教。各种宗教之所以能够在草原上广泛地流传，这和游牧民族开放进取的精神是分不开的。

游牧民族地开放进取精神反映在生产、生活的方方面面，他们还积极主动地开辟对外开放通道，加大对外贸易的步伐。据有关文献记载："中国商朝时，游牧的大月氏民族就打开了东西方经济文化交流的通道，成为最早开拓'丝绸之路'的民族之一；以后的匈奴更是将自己的活动领域拓展到欧洲；北朝时期，各少数民族王朝进一步加强了东西方的经济文化交流，包括佛教在内的外来文化，借助他们的到来广泛传播，对中国历史文化的走向产生了深远影响，中国唐朝的文化繁荣与此有着密切的因果关系。突厥、回鹘民族同波斯、罗马之间长期的经济文化交往，使东西方加强了互相间的了解和学习。"所以，游牧民族经过长期的文化交流形成了开放进取的文化特征。

3. 发展传承的继承性文化特征

在整个草原民族发展的历史过程中，先后出现了匈奴、鲜卑、契丹、突厥、蒙古，这些民族在一段时期内成为了草原的主人。由于草原民族是善战的民族，所以，战争连连，政权动荡不安。一个民族经过一段时间的统治总是会被另一个民族所征服。于是，一个民族衰落了，另一个民族又强大起来，成为草原的"一代天骄"，而那衰落的民族并不是完全退出草原，大部分的牧

人还是继续留在草原上，依附于刚刚兴起的民族。因此，草原文化不会因为一个民族的衰落而消失，留下来的草原牧民把本民族的优良文化传统继续延传给新的民族。这种草原文化的传承是一个连续继承的过程，是在不同的历史时期、由不同游牧民族的文化因素共同组成的衍生不断的文化链条。草原文化不单单是某一民族的特定文化，它是以多民族为载体的纵贯整个游牧文明史的前仆后继的文化史。

4. 建构形态的复合性

每个民族的文化在一定程度上都是复合性的而不是单一的文化类型，而草原文化同长江文化和黄河文化相比，它的复合性特征就显得尤为突出。

这种复合性首先表现在语言方面。中国北方草原民族在整个文化发展过程中使用了以阿尔泰语系为主的 10 多种语言，这种语言的复合性和草原民族的历史以及本民族的生产生活习惯有着很大关系。由于匈奴、鲜卑、契丹、突厥、蒙古等民族相继活跃于不同历史时期的草原上，多民族的互动导致草原牧民语言的复合性。另外，由于草原民族是流动性的民族，游牧和迁徙的生活使他们有接触和学习其他更多语言的机会，最初是一种语言，慢慢就会转成另一种语言，这为他们形成自己的语言创造了得天独厚的条件。

历史上北方游牧民族曾信仰过多种宗教，如萨满教、琐罗亚德教、摩尼教、基督教、伊斯兰教，一些民族还曾信奉道教等宗教。这些宗教在不同的历史时期对北方民族的社会文化、生活方式等都有着很重要的影响。宗教信仰的复合性也导致了草原文化建构形态的复合性。

草原民族的最显著特征就是过着"追随水草，靠天养畜"的生活，游牧文化是草原文化的主要文化形态，但它并不是唯一的文化，而是多种文化相复合的文化共同体。草原文化是以游牧文化为主，兼采集、狩猎、农耕、工业等多种文化形态。在不同的历史时期以不同的形态、不同的文化内容给草原文化注入了新的文化因素，使其不断向前发展。

（二）草原文化的功能

1. 草原文化的自然功能

草原文化作为中华文化的重要组成部分，一直向世人昭示着其特有的灿烂和卓越，具有不可替代的社会发展机制功能。

我国北方草原属于典型的内陆性气候，这种特殊的气候环境使人们意识到这里不适宜农耕，只能选择以游牧经济为主的生产方式。这种特殊的生产方式对自然有着很强的依赖性。在草原上的牧人崇尚"天人合一"和"回归自然"的大生态哲学。游牧民族面对的是大漠草原，他们在这种自然环境中的生存与发展，创造了游牧文明的草原文化。草原文化是以游牧生产方式为基础的文化形态，而游牧生产是迄今为止唯一以不破坏生态为前提的生产方式。而将自然当作敬奉的对象，"以敬畏和爱慕的心情崇尚自然"，将人与自然和谐相处当作行为准则和价值尺度，成为草原民族最宝贵的文化结晶，代代相传。草原文化作为一种生态文化，追求人与自然、人与牧畜和谐互动。他们认为人是自然的一部分，而生活在草原仅仅是一种更加积极主动的互动。因此草原民族格外珍惜环境，保护环境和维持生态平衡已经是草原人日常生活的一部分。

2. 草原文化的文化功能

草原文化在中华文化发展过程中表现的首先是互动功能。然而草原民族的互动是一种更加积极主动的互动，它最早是从人与大自然的互动开始的。在这一点上英国学者汤因比曾说："游牧民族就是为了不改变自己的生活方式而改变了生活地点。他们这样做是为了循环往复利用这片草场。就是为了索取适当的付出和投入一样，是与自然的一种交流、互补、合作。"

草原民族的社会互动，除了草原内部的互动，更多是同农耕民族之间进行的。对话功能是草原文化的另一个重要功能。对话的重要前提就是平等和狂欢化氛围。

草原文化

对话也是草原民族自古以来的愿望。"苍狼"与"白鹿"的传说实际上讲的就是远古不同部族的对话、沟通和融会。该传说象征性地描述了这一时期连绵不断的竞争、对抗、对立，最终通过对话形成汇聚的一段朦胧历史。对话无法进行时，对抗就会接踵而来。对话意味着开放和包容，没有对话则没有强大的蒙古帝国，也就没有今天的草原文化。

传播也是草原文化的一个重要功能。草原文化如同一个"播种机，把博大精深的中华文化如造纸、火药等传向西方。"从文化发展的角度看，伴随着北方草原民族对中原武力征服而来的，是草原民族与中原民族的融合，也是草原文化同中国内地文化的汇聚，这种大规模的融合和汇聚每进行一次，中华民族、中华文化的多元性、包容性就得到一次加强，它所产生的向心力、凝聚力也就进一步增强。正是这样一次次的大规模融合汇聚，加速推动着中华民族和中华文化多元一体格局的形成。

五、草原文化的基本精神和价值取向

（一）草原文化的基本精神

任何一个民族的传统文化都有其基本精神，并且对该民族的世界观、价值取向、思维方式、情感和信仰等起着潜移默化的导向作用。草原传统文化的基本精神是以英雄精神、自由精神和顽强精神表现出来的。这些精神是草原传统文化发展演进的内在动力和主流意识形态。

英雄精神：草原民族的英雄精神是由普遍流传于古代北方游牧民族中的英雄崇拜升华凝聚而来的。从萨满教的英雄化的保护神中，从民间文学中的对英雄的歌颂中，从对祖先和成吉思汗的虔诚热烈的崇拜中，都能看到并深深感受到英雄崇拜的盛行以及英雄精神深入人心的程度。英雄精神激励着古代蒙古人开创了属于自己的英雄时代，从某种意义上说这个英雄时代一直是草原人记忆中不可磨灭的一部分，英雄精神已成为他们所追寻的永恒意义。当英雄精神集中体现在某一英雄人物身上时则表现为勇敢顽强、视死如归、嫉恶如仇和负有责任感的艺术形象，从而成为草原民众普遍接受的一种民族精神载体。草原民族及北方其他少数民族共同拥有的史诗文化和英雄精神是中华民族重要的历史财富之一。

自由精神：一定程度上的自由自在是游牧民族经济、社会、文化生活的一个较显著的特征。游牧民族的生存空间和活动余地是相当大的，这种空间上的自由行动为他们内在自由精神的形成奠定了客观的物质基础。相应的，群体小，人数少，社会生活的内容自然简单明了。在日常文化生活中，个人的自由化成分占有重要地位，强调个体能力和个性的社会机制有利于文化艺术的创造。因此，草原民族有着异常丰富多彩的民间文化

传统，整个文学艺术也有着鲜明的大众化倾向。而这种社会氛围是不可能在劳动密集、经济规模化的社会形态下形成的。

顽强精神：草原文化的性格是很顽强的。草原尽管有宜人的季节和如诗如画的美景，牧人也不乏悠闲时光，但蒙古高原的平均青草期只有 140 天左右，而长达 220 多天的枯草期以及相继出现的旱、白灾害构成了严酷的生活现实，就像蒙古谚语中所说的那样"美好的秋不会长久"，牧人生活更多的时候是要面对暴风骤雨、燥热和寒雪。因此，坚忍不拔、百折不挠是草原牧人必须具备的心理素质。生活环境所逼迫生成的个体心理素质，逐渐上升为一种大众化的社会心态时，民族文化中就具有了顽强的精神。除此之外，在历史上蒙古族曾经成功地扮演过世界性统治民族的历史，也使得草原民众提高了文化自豪感和保留自己文化的责任感。正是这种顽强精神，使草原文化得以不断传承。

（二） 草原文化务实的价值取向

对于古代蒙古人来说，面对现实、面对人生是他们最基本的人生信条。严酷的自然环境、动荡的社会现实，使他们养成了反对空想空谈而崇尚脚踏实地的精神，不论是在宗教信仰、民间文学中，还是在伦理道德、政治生活中，都显著而深刻地表现出了这种价值取向。我们知道，蒙古人的传统信仰是原始萨满教，这是一种借助于人、神之间的中介——巫师，来满足人的生活目的的古老的宗教。在萨满教急功近利的祈祷和巫术仪式中，务实是第一位的也是唯一的目的。务实精神作为一种价值取向，在草原传统文化诸多领域中都有着显著的表现。大致有以下几点：第一，务实的生活态度使得古代蒙古人能够更好地适应自然环境，从而选择了一种最为恰当又最适合自己的生存方式。无论是作为主业的畜牧业、还是作为副业的狩猎业，都是他们基于现实生存需要而做出的最切合实际的选择。第二，务实的信仰态度使得他们为自己找到了最实际的精神寄托。尽管这种精神寄托很原始、很粗糙，但却与他们的生活相契合，并且在其与自然、与社会的斗争中给予了强有力的精神支持。第三，务实的价值取向使得他们为自己在与自然、与社会的关系中找到了最适合的位置，使得他们能从自己的现实环境及实际需要出发，处理与自然、与社会的关系，并且将这一系列关系规范化、系统化，进而纳入到一个正常的、有机的体制内，使其能够更充分地发挥作用，为社会及其成员服务。第四，务实的政治态度使得他们作出了北方游牧民族所能作出的最为适合的政治选择。虽然今天看来这种选择还有许多不尽如人意之处，但这却是当时他们所能做的唯一的选择。游动的生活方式使得游牧民族养成了好奇、冒险、容易接受新事物的性格，他们在不断地找机会，也在不断地创造着机会。在这种寻找、创造的过程中，渐渐培养起一种开拓精神，靠着这种精神，蒙古人不仅为自己开拓了生存之路，也为部落、民族、家开拓出了发展壮大之路。而这一切都是从坚持务实的基点出发而达到的。

六、草原文化的传播和影响

草原文化在中华文明产生、演进的历史进程中产生了重大的影响，主要表现在四个方面上。

第一，政治方面，在华夏民族发展的历史中，建立中原王朝最多、时间最长的并非是中原的汉族，而是出身于北方草原的游牧民族或具有较多游牧民族血统的君主。这一状况在中国奴隶社会、封建社会以王朝更换的方式促进了政治更新，并推动了草原民族与中原民族的融合。草原民族也是"炎黄子孙""龙的传人"，是形成多民族统一的中华民族大家庭的重要基石。

第二，经济方面，草原民族创造了适应北方草原自然地理和气候条件的畜牧业生产方式，为中华民族的发展保留了巨大的绿色空间。自古以来，草原地区提供了中原农业民族和交通运输的畜力，如牛、马、骆驼等。草原地区在与中原地区的经济交往中形成的广阔通商路线，对中华民族的经济社会发展产生了广泛深刻的影响。草原民族的生活习俗也传播到中原及其他地区，对华夏民族的生活习惯产生了广泛深远的影响。

第三，军事方面，草原民族以骑兵为主的作战方式，引发了赵武灵王"胡服骑射"的改革，推动了以骑兵与步兵结合的作战方式，取代车战、步战结合的方式，影响了中国自奴隶社会后期到封建社会两千多年的战争史。草原民族机动灵活的战略战术，在中华战争史上抒写了辉煌的篇章。其中成吉思汗作为草原民族军事成就最杰出的代表，是世界历史上最著名的军事实践家，与中原民族最杰出的军事理论家孙武共同成为中华民族最伟大的军事家，是世界军事史上最具有代表性的两座丰碑。

第四，在文学与艺术上，草原民族的诗人、文学家创作的民间诗歌和文学作品为中华民族的文学发展作出了重要的贡献。其代表作《敕勒歌》传唱千古，享誉中外。元曲杂剧构成以楚辞、汉赋、唐诗、宋词等为代表的中华民族文学发展历史进程中的又一座高峰。在艺术方面，自大兴安岭至天山山脉的草原岩画带，被国内外专家誉为"刻在山岩上的史诗"。以及北魏时期产生的大同云冈石窟、洛阳龙门石窟、敦煌莫高窟、鄂尔多斯阿尔寨石窟等为代表的中华石窟文化，在世界石窟文化艺术发展史上都是极具辉煌的篇章。

七、草原文化的现代化建设

　　草原文化是内蒙古自治区得天独厚的宝贵的资源优势。今天，内蒙古的草原文化不仅是区域文化中最具特色的文化，而且也是中华文化宝库中的璀璨瑰宝。游牧民族面对的是大漠草原，他们在生存与发展中，创造了游牧文明的草原文化。因此，认识草原文化的历史和现实，是我们保护、利用和发展草原文化的基础。草原文化是一种生态文化，是一种人与自然、人与牧畜和谐互动的文化。她有开阔的视野、宽阔的胸襟、奔腾的热血、苍凉的韵律、悠远的心声、细腻的情怀。草原文化是内蒙古发展的一种资源。在当代，保护文化多样性正在成为国际社会的共同理念。今天，人类的"发展问题直接遇到了文化、文明问题和生态问题"。几千年来，内蒙古地区的生态环境发生了巨大变化，因此我们要运用科学发展观来保护、传承、建设、发展现在的草原文化。

关东文化

　　"关东文化"是指山海关以东，基本上包括今辽宁、吉林、黑龙江三省在内的地域文化圈，它是与东北地域文化相联系的。关于东北地域文化的称谓，学术界存在较多争议且至今尚未形成定论。除"关东文化"之外，还有"黑土文化""黑水文化""长白文化""辽海文化"等称谓，在这些称谓中比较被人认同的是"关东文化"，因为"关东"一词出现较早，广泛被人们接受与认可。

一、关东历史及地名

清朝是满族贵族创建的一代封建王朝，东北是它的故乡，被清朝统治者尊为"龙兴之地"。清朝在入关前的二十八年中，与明朝激烈争夺东北，最后完全摧毁了明朝对东北的统治，很快设官建制，逐渐完善起来。自清朝定都北京后，以盛京（今沈阳）为留都，设文武大臣驻守其地，总管三省一切军政庶务。顺治三年，改为奉天昂邦章京，乃全权掌管三省。以后，三省分治，各设独立行政机构。今吉林省初设于顺治十年，兼辖黑龙江，即两省为一个机构所辖，治所设于宁古塔（今黑龙江宁安）。至康熙十五年，将治所迁至吉林乌拉城（今吉林市）。乾隆二十二年，改称"镇守吉林等处地方将军"，简称吉林将军。今辽宁省是在乾隆十二年改称为"镇守盛京等处将军"，简称盛京将军；黑龙江省设治，是在康熙二十二年反击沙俄前正式设立的，名称即为"镇守黑龙江等处将军"，简称黑龙江将军。这就是清代东北三将军之由来。"三将军"虽不是行省名，但实际上是三个行省，建置与内地所设总督、巡抚有别，具有军事管辖的性质。虽然三将军所辖地区及名称，与今天的吉林、黑龙江、辽宁相合，但各自所辖范围、疆域的大小，却有很大差别。

清朝为政，反对"华夷之辨"，自称"中外一家""满汉一体"，而实际上汉人处于被奴役状态，在一个政权的统一治理下，无内外之分，所以，清入关后不再修长城。清朝废长城，却不废山海关。保留山海关，可以稽察往来商旅，抽取税收，也为保护"龙兴之地"，严禁内地人通过山海关进入东北，俨然山海关成了清朝封禁东北的一个不可逾越的关口。辽宁、吉林、黑龙江三省作为清朝的政治与经济的"特区"而受到严格保护。

努尔哈赤在起兵复仇的过程中，首先统一了女真，当进入辽东地区，又把居于此的广大汉人也纳入到后金政权的统治之下。其子皇太极即位后，屡次远征黑龙江中上游的呼尔哈人、索伦人，实际也是女真人的不同部族。这些部族后发展成如鄂温克、达斡尔、鄂伦春等族。一直到1635年，皇太极宣布自此废除诸部落的族号，改称"满洲"，标志着新的民族共同体即今之满族最后形成。在关东的领域中，每个地方都有它自己的名字，而每个名字也都有其独特的意义。

（一）"大连"的传说

从前，有两个穷苦的孩子，一个叫大海，一个叫小妹。大海憨憨厚厚，双臂很有力气；小妹也是苦人家出身，长得平平常常，细眉细眼，他们都在财主家给财主干活。财主家有好地上千顷、奴仆无数，任他使唤，由他打骂。两个人渐渐长大，之后相爱，悄悄逃离了财主家。他俩先是向北走了七七四十九天，又向东走了七七四十九天，寻了好多个主人，可是没遇上一个好心肠的。于是两个人又朝大雁南飞的方向走去，一路上捕鱼打猎，翻山涉水，到春暖花开的季节时，来到了一个山清水秀的地方。

这地方三面环海，一面临山，树林里有采不尽的野果、打不完的野兽，大海里有捞不完的鱼虾。两个人来到一块平坦的山坡上，在此安居下来。从此，大海天天上山开荒，小妹也不闲着，挖野菜、采野果，日子过得虽有点苦，可是两个人非常的恩爱。一天，大海走在山路上，忽然迎面吹来一阵海风。风过后，有一样东西绊住了他的脚，他拾起一看，是个破褡裢，大海随手扎在腰上。有了地，但是没有种子来下种，小两口愁得没法，并肩站在海边，望着蓝蓝的大海出神。大海抓过破褡裢，自言自语地说："褡裢啊！褡裢！财主的褡裢满满的，什么时候我们穷人的褡裢也装得满满的就好了。"说着说着，破褡裢忽然鼓了起来，只见一些金黄的苞米粒从褡裢口流了出来。从此，小两口再也不

为种子发愁了，只需说一声种子，那种子就会不断地从褡裢里流出来。就这样，两个人高高兴兴地开荒、播种，心里美滋滋地，说不出有多高兴。老财主听说大海和小妹有个宝褡裢，立刻红了眼，就来争夺，结果把褡裢挣断了。这时，只见大海和小妹各抓着半截褡裢，忽忽悠悠地向空中飞去了。大海和小妹越飞越高，飞着飞着，两片褡裢又连到了一起。这时，褡裢越来越大，在空中变成两座大山，轰隆一声，大山落了下来，把老财主压在下面。褡裢的两头变成了两座高山，两座高山连着一条窄长的陆地，中间环抱着一个大海湾，形成了一个褡裢形状的半岛。从此，人们把这个地方叫做"褡裢"，那个海湾就叫"褡裢湾"。后来叫的人多了，逐渐叫白了，就叫成了今天的"大连"。

（二）赫哲族与白城人

东北有很多少数民族，赫哲族就是其中之一，听老人讲，赫哲族是白城人的后代。传说当年岳家军和金兀术打仗，岳家军包围了白城。金兀术早有准备，加强了护城防守，岳家军一连围城半月多，不能攻下城来，大将牛皋想了一条破城妙计。第二天，士兵们抬着成桶的白酒，来到了城墙下面。他们点起火堆，烤火取暖，开怀畅饮起来。守城的一个老兵，看见岳家军喝酒，就向他们讨酒喝，结果用数千只麻雀，换了几百斤酒。守城士兵便你一杯、我一碗畅饮，一个个喝得酩酊大醉。

岳家军的探子立即向牛皋报告。当天晚上，岳家军纷纷在麻雀腿上、尾巴上绑上了火捻，然后点着了火，顿时劈劈啦啦，几千只带着火的麻雀，一窝蜂地飞进城里去了。带火的麻雀飞到哪里，火星一落，哪里就燃起了大火，一时间，整个白城火光熊熊，烟雾腾腾。就这样，岳家军趁着城内一片混乱之时，金鼓齐鸣，杀声震天，一举攻破了白城，弄得金兀术蒙头转向，成了惊弓之鸟，领着残兵败将朝着北边逃命去了。

他们走了几个月工夫，来到了黑龙江，这时天空赤日炎炎，大江波浪滔天，附近找不着一只可渡江的船。金兀术心急火燎，但一时又没有办法，只好在江边搭起帐篷歇脚。一天，他喝了一通闷酒之后，问他的大儿子："你去看看，大江封冻了没有？"大儿子回答说："父帅，夏天里咋会冻啊？"金兀术听了，破口大骂："难道我全军人马，非得在此覆灭不成！来人，把他给我推出去斩首！"第二天，金兀术喝着酒问他的二儿子："你去看看，大江封冻了没有？"二儿子老实巴交的，也反问说："父帅，夏天时候，咋会封冻？"金兀术听了，破口大骂，又命令左右把二儿子推出去杀了。第三天，金兀术又喝得酩酊大醉，问他的三儿子："你出去看看，大江封冻了没有？"三儿子一时犯了愁，不知如何是好，他独自走到江边，对着滔滔的大江祷告起来："天神呀！地神呀！如果我不该死，如果白城人还能生存，就请黑龙江结冻三尺，帮助我们过江吧！"他刚祷告完，天气霎时变得寒冷起来，接着下起了鹅毛大雪，寒风呼啸，如同严冬一般。江面上结了冰块，互相碰撞发出了"咔咔"的响声。不一会儿冰块连结成了一座冰桥，横跨大江两岸。三儿子看到这个情景，高兴地回到帐篷，对父亲说："父帅，天地同情我们，六月天在江上结起了冰桥，让我们渡江过去！"

金兀术一听大喜，派人到江边察看，果真六月的黑龙江结起了一层厚冰，人马行走，安全无恙。这一来，金兀术率领士兵和百姓，顺利地渡过了江。说起来也真怪，金兀术的人马刚一过江，江上的冰桥就嘎嘣嘎嘣地裂开，化成了水，岳家军追到江边，只好望江兴叹。金兀术的人马和百姓过了江后，粮草断绝，士兵们只好整日钓鱼充饥，可是能钓到的鱼很少，不够大家吃的，金兀术又带领亲兵亲将，沿江而上，去寻找食物。队伍在行进途中，立草把来指路，哪料草把插在沙滩上，被风一吹便转了向，后面的人马迷了路。这些人越走，离前面的人马越远。最后，他们分散到松花江、黑龙江和乌苏里江沿江一带，长期定居了下来，以打猎和捕鱼为生。后来，人们把当时在江边居住下来的人叫"奇楞"，沿江往西走的叫

"索伦"，沿江往东走的叫"赫金"。到了清代，才统一族称为"赫哲"。直到今天，老年人说起赫哲族的祖先，都说是当时的白城人。

（三）老汗王攻取沈阳城的传说

明朝时，努尔哈赤统一了女真族，于1616年建立了后金政权，人们称他为"老汗王"。他创立了八旗制度，并向明朝公开宣战。先攻打抚顺、清河，后金军旗开得胜。1619年，明朝派九万大军在萨尔浒与后金军展开大战，老汗王以"凭你几路来，我只一路去"的作战原则，各个击破，萨尔浒战役只打了五天，明军大败。战后，老汗王迁都萨尔浒。明朝朝廷感到沈阳城危在旦夕，增兵七万，在城外挖了深壕，配备了火枪火炮，日夜加强戒备。谷雨刚过，老汗王带兵水陆并进，在沈阳城东七里以外，安营扎寨，黎明前下令攻城，明军猛烈反击，后金军伤亡很大。明军三万守城，四万在壕坎上，把沈阳守得如铁桶一般，但老汗王还是发现了明军的软肋，于是下令二次攻城。后金军把战车尽数推进壕里，上横长木，架起桥梁，骑兵飞跃过壕，明军防线被突破了。后金军将明军各个击破，攻取了辽东重镇沈阳，接着，老汗王率军大破前来援救沈阳城的明军，战败明军老将陈策率领的四川长枪、长刀兵，后金军不久攻下辽阳，并定都辽阳，1625年迁都沈阳。老汗王迁都沈阳后，于1625年开始动工修建故宫，沈阳故宫成为当时后金政权的统治核心。

二、关东文化的历史演变

（一）关东文化的起源与精神内涵

　　文化是人类群体创造并共同享有的物质实体，是人类群体的整个生活状态，具有与人类本身同样古老的历史。文化的核心是人，从明清以来东北地区人口演变有一定的趋势，汉族为主体，包括满、蒙、朝鲜、鄂伦春、赫哲等少数民族为复合群体。这一群体的形成从明代开始酝酿，至清代中后期开始形成，到清末以来，随着历史的演变，其中相当的一部分已融入关东文化的种群中。因此，我们对关东文化的发展可以作出如下的概括：从远古直至明代以前，东北地区历史的发展、民族间的斗争与迁徙，是关东文化深厚的历史渊源；从明王朝的建立与山海关的修筑到满族的兴起与入关，是关东文化的酝酿时期；从清廷在东北实行招民垦荒到封禁政策的实施，伴随着关内直、鲁两省大批移民冲破封禁政策进入东北，迫使清朝统治者不得不解除封禁政策，是关东文化形成并定型的时期；从 20 世纪初至东北解放为止，是关东文化的多元碰撞、曲折发展时期。

　　在长期的侵略与反侵略以及抵抗日本帝国主义吞并全中国阴谋的斗争中，关东文化经受了血与火的考验，既融入了外来的因子，又保持了自己的特色，呈现出独具一格的特点。在物质文化方面，它的生产结构在明清时期呈现出从农业、渔猎、采集、游牧并存向以农业为主、其他为辅的转变，到清末民初以后，农业生产进一步成为整个社会的经济基础。关东地区既有中国古典建筑与满族建筑，又有一批俄式、日式建筑。这些俄式、日式建筑物在东北各主要城市均有兴建，成为关东文化区别于中原、内地文化的一个重要特征。在制度文化方面，关东文化作为明清以来形成的区域文化，一直处于中央

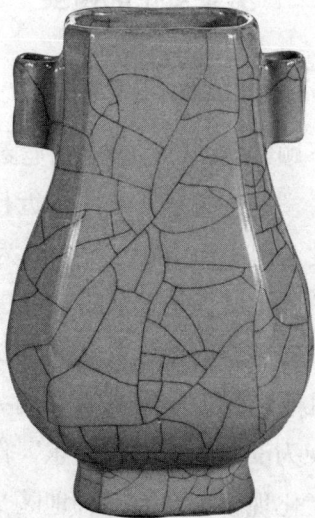

政治体制的控制之下，中央政权在东北地区实行的各种制度，对关东文化的形成起着重要的制约作用。这一时期中央政策的变化对关东文化的定型起了重要的作用，具体表现为：封禁政策的解除与移民实边政策的实施；清末新政的实行与东三省行政体制的改革；州县设置的日益完善。尤其是大批州县的增设，使关东地区与中原母体之间的联系更加紧密，成为中国不可分割的一部分，同时，州县建置的完善进一步促进了关东土地的开垦、人口的增长和城镇、村落的兴起。在精神文化和行为文化方面，关东文化区别于中原和关内其他文化的特点表现为：以豪放、旷达、质朴厚重、宽厚包容而绝少排他性为特点的关东人群体性格特征，这一特征来自于关东大地白山黑水的濡染，来自于多民族的融合，来自于汉族移民带来的儒家文化的影响；多元碰撞，兼容并包。这一特征表现在宗教信仰上，是以中华文化传统的儒、释、道为主体，回教、萨满教以及基督教、东正教、天主教兼容并存；表现在教育体系上是官办学校、私学、书院和俄、日的殖民学校并存，还有语言文化上对外来语的吸收等等。

（二）关东文化的嬗变

19世纪，黄河下游连年遭灾，清朝政府却依旧禁关，成千上万的破产农民不顾禁令，冒着被惩罚危险，"闯"入东北，此为"闯关东"来历。

"闯关东"是中国近代至清代向东北移民的略称，闯关的流民以山东、河北、河南、山西、陕西人为多，而其中又以山东人为最。"闯关东"由来已久，原因无疑也是复杂的，正是这种"由来已久"，使"闯关东"逐渐成为具有"山东特色"的地区文化传统，在齐鲁大地承传、沉淀、累积。在胶东有些地区，几乎村村、家家都有"闯关东"的，甚至村里青年人不去关东闯一闯就被乡人视为没出息。"闯关东"作为一种社会习俗而被广泛接受，这不能不说是一种文化现象，作为一种地区文化传统，"闯关东"深深扎根于日益扩大的社会联系中。进入民国时期，流民"闯关东"高潮迭起。民国时期历年进入关东地区的贫民人数多寡不一，但至少也在二十万人以上，而超过百万人的年份有四年。闯关东分三个时期：（1）1644—1667年，《辽东招民开垦条例》规定"招至百者，文授知县，武授守备"，23年间"鲁民移民东北者甚多"，许多地区因移民而"地利大辟，户益繁息"。（2）1668—1860年，为维护满族固有风俗和保护八旗生计，康熙七年（1668年），清廷下令"辽东招民授官，永著停止"，对东北实行禁封政策。（3）1861—1911年，鸦片战争后清政府对边疆控制日益减弱，沙俄不断侵蚀黑龙江边境，清政府采纳了黑龙江将军特普钦的建议，于咸丰十年（1860年）正式开禁放垦。

关东是山东人的第二故乡，那里有他们的父老乡亲，一旦生活发生困难或遭遇天灾人祸，他们便首先想到"闯关东"，投亲觅友，以求接济。闯关东是一种社会历史移民现象，是贫苦农民在死亡线上自发的不可遏止的悲壮的谋求生存的运动，有自发的客观因素，也有内在的政治影响深度。对绝大多数的山东移民来说，东三省无非是山东省的扩大，山东村、河北村等在关东的"复制"，实际上就是中原文化的平面移植，加上人数占绝对优势，他们有充分理由保持齐鲁文化或燕赵文化。他们可以不必改变自己，削足适履，去适应当地的社会风俗、宗教信仰，使用当地的语言文字等，从某种意义上说，这同样是文化上的保守主义。对于闯关东的意义，曾有人说过这样一段话："社会意义上，东三省基本上是华北农业社会的扩大，二者之间虽有地理距离，却没有明显的文化差别。华北与东三省之间，无论在语言、宗教信仰、风俗习惯、家族制度、伦理观念、经济行为各方面，都大同小异。最主要的是东三省移垦社会成员，没有自别于文化母体的意念。"

"闯关东"是真正产生于人民之中的历史文化现象，连这个"称呼"都源自民间、源于人民。"闯关东"是一种重要的历史文化现象，没有这种历史文化现象，也难以形成"闯关东

精神"，或者说"闯关东精神"本身就是关东历史中的一种极为重要的历史文化现象。"闯关东精神"内涵丰富，一个"闯"字，蕴含着"不甘现状""充满挑战""充满希望"这样三层内涵；一个"闯"字，体现了坚忍不拔一往无前、不达目的绝不罢休、敢于斗争敢于胜利的价值理念；一个"闯"字，是一个国家一个民族生生不息、茁壮成长、蓬勃发展的强大动力。

"闯关东精神"是勇于开拓、敢为人先的精神，是百折不挠、敢于胜利的精神，是自强不息、艰苦创业的精神，是团结友爱、共渡难关的精神，是豁达包容、重义守信的精神，是顾全大局、无私奉献的精神。可以说，"闯关东精神"和关东文化是中华民族精神和优秀文化的重要组成部分，是具有典型东北地域特征的创业精神和创业文化。它来源于雄浑厚重的中原文化与粗犷豪放的北方文化的长期融合浸染，深深地植根于关东的黑土地，它的影响早已经突破了东北地区，对关内的经济社会发展都起到了一定的推动作用，是中华民族宝贵的精神财富和文化遗产。

三、关东的民俗文化

每个民族都有自己独特的文化和生活习惯，关东自然也不例外，甚至比其他地方更多一些。例如东北大秧歌、满族秧歌、二人转、评剧、皮影戏、朝鲜族歌舞、满族莽式歌舞、民间舞蹈、农民画、木偶戏、喇叭戏、梆子、民间绘画、剪纸等等，每一样都有其独特的艺术特点，令人不得不称赞。

（一）东北大秧歌

在关东大地上，最受老百姓喜爱的民间歌舞就是东北大秧歌。每年正月，无论城镇还是村庄，都有秧歌队欢快活泼的唢呐声、锣鼓声在喜气洋洋的节日气氛中回荡。解放前农村秧歌又扭又唱，又叫"唱秧歌"；农村秧歌游屯串村，又叫"跑秧歌"；城镇秧歌光扭不唱，又叫"扭秧歌"。史书记载，早在康熙年间，东北就已经有了正月十五办秧歌的习俗。到了清末，扭大秧歌已经是遍布东北各地的春节娱乐活动。"办秧歌"的发起组织者，或是商家富户，或是行政机构，或是民间组织，具体事项通常是由一位演技好、威望高、办事能力强的"秧歌头"负责张罗。

解放前的秧歌队全是男的，二人一小组，一个"上装"，即扮女的，又叫"包头的"；一个"下装"，扮男的，又叫"斗丑的"，"上装""下装"一起叫做"一副架"。四人一大组，叫"一棒鼓"。在秧歌队中"头棒鼓""二棒鼓""三棒鼓"……排列有序，每人都有固定的位置。"头棒鼓"是全队扭唱技艺最高的，"二棒鼓"次之，"三棒鼓"更次之。秧歌队的领头带队的戴文生巾，披斗蓬，持折扇，只他一人没有"上装"搭配，故称"傻公子"，又叫"拉衫的"。秧歌队的排尾叫"老坐子"，也是一

副架："上装"是一个扮相刁泼的老太太，手拿两根棒槌，耳戴红辣椒；"下装"是一个扮相滑稽的老头，驼背，拄拐杖。秧歌队中也有扮故事中人物的，如青蛇、白蛇、猪八戒、孙悟空等。秧歌队大的六七十人，小的二三十人。

正月初一家家户户都忙着拜年，一般从初二开始"跑秧歌"。演出形式以拜年贺喜为主。这种演出，受拜者要预备烟茶款待，并在秧歌队临走时给"秧歌头"赏钱，有的还要管饭。所以秧歌队拜年事先已选好对象，起码是要给得起赏钱的才能去，否则人吃马喂各种费用就难以开销了。当然，演出时当地男女老少都可以白看热闹。过去农村过年，一是图"喜兴"，二是讲面子。假如哪个村没来秧歌队拜年，村里的人都会觉得不开心。秧歌扭得好叫"扭得浪"，即不但舞姿要优美，而且腰胯摆动的幅度要大，节奏感要强，表情要有感染力，总之是不能平淡而要夸张，才符合关东豪爽热情的民风。此外，秧歌的"走阵"也要活泼新鲜。除通常的圆场外，还可以走出"二龙吐须""太极八卦"等许多花样，时快时慢，边走边变，加上演员服装的鲜艳色彩，看得人眼花缭乱。

秧歌里的精彩部分是高跷，俗称"踩高脚子"。跷棍长二至三尺，表演中也是走秧歌步和阵形，以扭得快、扭得欢为好。秧歌中所扮的人物，既有披红挂绿的大姑娘、小媳妇儿，也有抽长烟袋的丑婆子、戴纱帽翅的县官、呆头呆脑的"傻柱子"，以及"跑驴""旱船"等加带其他道具的表演，个个朴实憨厚、滑稽可爱。看秧歌最过瘾的是遇上"打对台"，即一个场子来了两支秧歌队。因为过年时的秧歌大都给赏钱，所以按照不成文的规矩，一个演出场地只能留一支秧歌队。如果两伙秧歌队同时到，或是后到的秧歌队不愿退让，那就只能以演技分高低。扭得好，能吸引观众的留下，技不如人的自动退出。每逢这时，两支秧歌队都得拿出看家的本事，格外卖力，较着劲儿地扭，观众们则渔翁得利，大饱眼福。

过年开扭的秧歌到正月十五至十六两天达到高潮。这时走村串屯的拜年已经结束，街上的商家店铺也开始了新一年的营业。元宵佳节之日，秧歌队纷纷集中到当地最繁华热闹的市镇街道，进行游行式的演出。有的还特意办出与赏花灯气氛融为一体的"灯官秧歌"，街市上精彩表演此起彼伏，热闹非凡。

（二）二人转

在休闲文化方面，除了扭秧歌，还有一个广大人民非常热爱的活动，那就是观看二人转。东北二人转史称小秧歌、双玩艺、蹦蹦，又称唱蹦子、过口、双条边曲、风柳、春歌、半班戏、东北地方戏等，是由东北民歌演变而来的东北土生土长的载歌载舞的民间艺术之一，是在东北地区喜闻乐见、具有浓郁地方色彩的民间艺术，至今已有三百多年的发展历史。在东北，上自七八十岁老人，下到几岁孩子，都会唱上几口，如《王二姐思夫》《西厢记》《猪八戒背媳妇》等。唱二人转，几乎是东北人一种与生俱来的本能，是东北人民祖祖辈辈流传下来的文化，长期以来深受东北群众尤其是广大农民的喜爱。

二人转由男"下装"、女"上装"，二人"一副架"演唱，基本曲调有"文咳咳""武咳咳""喇叭牌子""大救驾""四平调""十三咳""红柳子""胡胡腔""小翻车""大悲调"等。二人转的曲目，主要来源于戏曲小说、评书鼓词和民间传说故事及社会新闻等，大都是关东百姓喜闻乐见的古代英雄好汉、男女爱情和忠孝节义类故事，如《西厢》《蓝桥》《杨八姐游春》《燕青卖线》《浔阳楼》等都是其中的名段。而表现这些内容的说唱是人人听得懂的大白话，原生态的二人转被称为"黄色"二人转，经过改造的二人转被称为"绿色"二人转。但东北人却认为，二人转最抢眼的地方就是"浪"字，略带点色的段子在二人转中表演得出神入化，台下的观众在笑声中显露了其生活真实的一面，二人转毫不掩饰它彻底的娱乐精神。

有人说，二人转是土生土长、原汁原味的一盘"农家菜"，是东北民风民俗的一种体现。虽然二人转偶尔会有些低俗的词句和动作，但还是有极高的艺术水平和观赏价值

的。如果二人转失去了它的"粗"和"俗"，也就失去了生命力，失去了广大农村市场，也不能称为"二人转"了。现代著名美学家王朝闻对二人转如此评价："她好像一个天真、活泼、淘气、灵巧、泼辣甚至带点野性的姑娘，既很优美，又很自重，也可以说是带刺儿的玫瑰花。"二人转集中反映了东北民歌、民间舞蹈和口头文学的精华，二人转的唱本语言通俗易懂，幽默风趣，充满生活气息。

中国北方地域文化

"宁舍一顿饭，不舍二人转"，除了因为二人转的乡土性和灵活性外，还在于其艺术上的独特魅力。二人转的表演手段大致可分为三种：一种是二人化装成一丑一旦的对唱形式，边说边唱边舞，这是名副其实的"二人转"；一种是一人且唱且舞，称为"单出头"；还有一种，是演员以各种角色出现在舞台上唱戏，称"拉场戏"。二人转演员的表现手法，有"四功一绝"之说。"四功"即唱、说、扮、舞；"一绝"指用手绢、扇子、大板子等道具的特技动作。四功"唱"为首，高亢红火，风趣幽默，讲究味、调、劲；"说"指说口，多采用民间生动活泼的语言，机智灵活；"扮"则指扮演人物以形写神，以假乱真，讲究"二人演一角，人分神不分""一人演多角，人不分神分"；而"舞"更是别具一格，肩功、腰功、步法很有特色，尤其腕子功，包括平腕、翻腕、甩腕、压腕、绕腕、抖腕等多种，不一而足，令人拍手称奇。二人转的"一绝"，以手绢花和扇花较为常见，这部分与东北大秧歌相似。右手持大板子的舞者，左手通常持甩子，能舞出"风摆柳""仙人摘豆""金龙盘玉柱""黑虎出山""金鼠归洞""缠头裹脑"等高难动作。

改革开放以后，"二人转"曲牌又不断出新，伴奏乐器增加了扬琴、琵琶等，一些流行的通俗唱法和电声乐器等也已融入二人转中，逐渐演变成现在的一门综合曲艺形式，表演形式与唱腔也更加丰富了。演员手持道具又增加了花伞、纱巾、长绸，根据塑造人物的需要，服饰又得到相应的改进，舞台演出运用灯光色彩的变幻，烘托戏剧情境，综合艺术质量不断提高。此间涌出了大量精彩曲目，如《马前泼水》《回杯记》《包公断后》《双比武》《冯奎卖妻》《水漫蓝桥》等，这些作品深受广大人民群众的喜爱，久演不衰。

（三）辽宁评剧

评剧起源于河北东部的莲花落子，后发展成"唐山落子"。宣统元年，评剧奠基人成兆才带着自己办的庆春班来到奉天，在全盛茶园一连演了三个多月，成兆才对辽宁的"蹦蹦"一旦一丑的歌舞形式进行改革，吸收了京、梆表演的精华，变成多人演出的人物戏，发展了"唐山落子"。1919 年，沈阳遭水灾，军阀张作霖把在哈尔滨演出的警世戏社请到沈阳，为救灾义演一个月。进入 20 年代后，直隶当局限制落子演出，而张作霖支持落子演出，因此一些有影响的落子班社都来到沈阳，使"唐山落子"在沈阳地区迅速发展。1928 年后，辽宁地区的落子艺人把东北小调等民间说唱艺术的精华吸收到自己的唱腔和表演里，形成了具有地方风味的、新的艺术风格的"奉天落子"。它不同于京、津落子那样细腻、舒缓，而以泼辣粗犷、热情奔放、节奏明快，凭一气贯通的大段唱取胜，所以又称"大口落子"。"奉天落子"早期的代表人物是被称为"评剧皇后"的李金顺，她与郭子元组成元顺社，在哈尔滨、沈阳等地演出，唱腔清新悦耳，声情并茂，别具风格。当时的主要女演员李金顺、筱桂花、刘翠霞、芙蓉花被观众誉为评剧的"四大名旦"。

"九·一八"事变后，评剧受到摧残，艺人为生活勉强维持演出。在辽宁解放前夕，沈阳、大连等大城市只剩下几个主要班社在演出。中华人民共和国成立后，在省文化部门领导下，评剧演出团体渐趋正规，评剧事业日益发展繁荣。

（四）朝鲜族舞蹈

朝鲜族的歌舞具有一种特殊的艺术魅力，特别是女性的舞姿，轻柔雅致，一举手一投

足，都有一种飘飘欲仙的感觉，动静结合、松弛自如、潇洒流畅、仪态万方。"鹤步""鹤飞翔"等是朝鲜族常见的舞蹈形象，朝鲜族歌舞的感染力极强，只要有一人起舞，大家便会不知不觉地跟着舞起来。曾有朝鲜族的专家描述自己民族的舞蹈为仙鹤式的步调和杨柳式的身条，这一概括是非常准确而精道的。

朝鲜族民间歌舞的内容大多是表现爱情，如《阿里郎》就属于这一类型。所讲的是一对夫妻恩恩爱爱，突然来了侵略者，丈夫要去出征。临别时，夫妻俩难舍难离。丈夫走后，妻子天天站在十字路口，遥望着远山那弯弯的小路，盼望着丈夫快些归来。三年后，丈夫回来了，看到有钱人家的子弟正在调戏妻子，丈夫不知内情，伤心地走了，妻子望着丈夫的背影，挥刀自尽了。人们可怜死去的姑娘，他们唱歌哀悼她。歌里有女人被委屈和误解的怨恨，有对丈夫发自心底的思念，歌声真切、动人，甚为苦楚、深沉。朝鲜族歌舞的基调是情，是爱情，是一种民族情，所以最能感染本民族，也能打动其他民族，因为这是发自他们心底的心声。歌舞在朝鲜族人的生活之中，如阳光一样时刻不可离开。

朝鲜族以种植水稻为生，所以其民间舞蹈也具有农耕劳作的特征，农乐舞是朝鲜族最具农耕生活特征的传统民间舞蹈，流传于吉林、辽宁、黑龙江等地区。此种舞蹈历史悠久，大致可分两种：一种主要以乐队表演为主，乐器有箫、锣、长鼓、圆鼓、唢呐、笛子六种；另一种则是以技巧为主，突出舞蹈的表现力。舞蹈的内容有：小鼓舞，以"吸腿冲跳"为基本动作，舞蹈灵巧、勇猛；象帽舞，以舞动象帽上的飘带为主，有的舞者能甩动长约二十米的飘带，使其在空中划圈，技艺十分高超。

假面舞是具有戏剧冲突的男性舞蹈，流传于吉林延边地区，也是朝鲜族特有的舞蹈。除戴假面之外，还包括身穿各种假服跳的假面舞，如鹤舞、狮子舞等，朝鲜族传统的假面舞种类繁多，流传至今的有凤山假面舞中的八目僧舞、社堂舞、老丈舞、放荡婆舞、小女舞等。这些民间流行的假面舞多把唱诵、对话、舞蹈融为一体，并分场次表演一些风趣幽默的讽刺故事。现在的表演为单人舞，舞者着"墨僧"服装，腰后插桃枝，戴硬纸绘成的"墨僧"单面面具，面具造型夸张，顶端缀以红、黄、白三色穗子，俯仰头部时，穗子可遮住面部以增强艺术效果。表演中有"亮面""转面""抖面""仰面""摆面"等不同的面具造型以及"甩袖""划袖""绕袖"等动作。

（五）满族莽式歌舞

满族在历史上也是个能歌善舞的民族。满族祖先靺鞨人，靺鞨后裔女真人有这样的习俗：女子成年后，歌唱自己的身世、姿色、技能，以寻找伴侣。到努尔哈赤兴起后，也继承了满族能歌善舞的传统。每逢佳节、喜庆、婚嫁筵、出征、凯旋、祝寿、祭祀等都要歌舞尽兴，其中"莽势舞"最具代表性。这种民间舞多在新岁和喜庆之日跳，举一袖于额，反一袖于背，盘旋作势，成双对舞，旁人拍手而歌，以击堂鼓伴奏。莽势舞进入宫廷后，由自娱性舞蹈变成表演性的庆典舞，改名为"庆隆舞"，场面壮观，规模宏大。往往司琵琶、三弦、奚琴、筝等乐器的就有60多人，伴唱的13人，舞蹈者58人。服饰亦有严格规定，伴奏的穿石青金寿字袍豹皮褂，伴唱的穿蟒袍豹皮褂，舞蹈者穿黄画皮套、黑羊皮套、朝服等。这种舞多由满族狩猎和戎马生涯演变而来。此外民间还有"野人舞""童子舞""秧歌舞""萨满舞"等。

（六）剪纸

新春临福之际，塞北朝阳的农村，家家户户开始忙碌起来，淘米磨面、煮肉蒸糕、杀猪宰羊，老少皆喜。不出几天，红红绿绿的剪纸也进入了人们的生活，不仅过年时才有，每逢传统节令或婚丧喜庆的场合，都要剪些剪纸，贴到各处作为点缀装饰。剪纸是中国最普及的民间传统装饰艺术之一，有着悠久的历史，因其材料易得、成本低廉、效果立见、适应面

广，样式千姿百态，形象普遍生动而受欢迎。这些剪纸多半出于妇女之手，旧时的农家妇女，对于剪纸跟女工一样，常因心灵手巧、剪纸精道而倍受婆家青睐。由于剪纸操作简便，应用广泛，又与民间生活习俗密切相关，因而世代承传，至今不衰。

全国各地都能见到剪纸，甚至形成了不同的地方风格流派，剪纸不仅表现了群众的审美爱好，还含蕴着民族的社会深层心理。民间剪纸取材于民间，剪纸的主要内容是山水花鸟、禽兽鱼虫、古今人物和生活场景。然而，妇女们并不满足于一般的描绘，常为自然之物赋予新的生命，故往往寓物寄情或取谐音代表一定含意，借自然之物表达自己对美好事物的赞誉、对幸福生活的憧憬。如常见的"梅兰竹菊"，被喻为理想人格的寄托；"鸡"自古被看做是文武勇仁信即五徽之禽，鸡冠与官同音，被视为官禄；"雄鸡啄蝎"又被认为是避邪驱灾之意；"鸳鸯卧莲"是甜蜜爱情和美满婚姻的表征；"连年有余""喜上眉梢"即用其谐音表达对幸福生活的美好愿望；"鲤跳龙门"则代表了对人生前途的祈求。此外，还有民间传说和戏剧人物等。中国民间剪纸手工艺术，犹如一株常春藤，古老而长青，它特有的普及性、实用性、审美性成了符合民众心理需要的象征意义。

（七）皮影戏

皮影，又名"灯影"，辽宁皮影最盛行、最普及的时期是民国年间，全省大部分县城均有皮影戏，其中岫岩、盖县、康平、海城、凌源、朝阳等县更为普遍。每个影班一般由7-9人组成，他们都是农民出身的半农半艺者。演出内容大都是神话及历史故事，经常上演的有《杨家将》《大隋唐》《封神榜》《群仙阵》等四五十个剧目。皮影的演出中需要用到影台，影台是可以拆开、可以拼合的方形小板房，长宽各五六尺，上用苫布遮盖；盖上有天窗，以便通空气、放灯烟；左、右、后三面全是板墙，上半部空着，演唱时悬纸屏，俗称影窗子，棚上悬多芯油灯做为光源，影台要用土坯等物垫起，距地二三尺高。影卷即脚本，全台共用一本，演唱时放在"拿人的"面前案上，操纵影人者叫"拿人的"，"拿人的"坐在影窗子里面的案前，操纵影人做出各种动作，伴奏、配唱者坐在他的后面，伴奏配唱。

皮影的脸谱、身谱、大彩和小彩的制作，都是在刮薄的驴皮上进行雕刻并施以彩绘。唱影时，在观众前面立一块屏幕，在屏幕后面点亮影灯，灯光照在紧帖屏幕的影人和场景上，再配以锣鼓弦乐和词调，达到唱影效果。拼杀打斗，艺人操纵与影人相连的手条可以使影人完成丰富的动作。脸谱是驴皮影的核心部分，主要由王帽纱帽谱、反王札巾谱、文武生花脸谱、神头妖精谱、文武花旦谱和帅盔札巾谱六大谱系组成。每一个戏班都持有三百多种脸谱。驴皮影脸谱具有明确的传统风格，观众可以按脸谱形象变化辨别剧中人物的官位和忠良善恶，是可与京剧脸谱相媲美的独成体系的民俗艺术。

关东文化

四、关东的旅游文化

（一）辽宁五大旅游城市——沈阳

沈阳是闻名遐迩的历史文化名城。因地处古沈水之北而得名。沈阳地区蕴育了辽河流域的早期文化，是中华民族的发祥地之一。早在 7200 年前的新石器时代就有人类在此繁衍生息。沈阳建城已 2300 余年，素有"一朝发祥地，两代帝王都"之称。沈阳共有三处世界文化遗产保护单位。

1. 沈阳故宫

始建于 1625 年，是清朝入关前清太祖努尔哈赤、清太宗皇太极建造的皇宫，又称盛京皇宫。清世祖福临在此即位称帝。沈阳故宫是国家重点文物保护单位，北京、沈阳两座故宫构成了中国仅存的两大完整的明清皇宫建筑群。2004 年 7 月 1 日，沈阳故宫作为明清皇宫文化遗产列入《世界遗产名录》，它以独特的历史、地理条件和浓郁的满族特色而迥异于北京故宫。沈阳故宫博物院不仅是古代宫殿建筑群，还以丰富的珍贵收藏而著称于海内外，故宫内陈列了大量旧皇宫遗留下来的宫廷文物。

故宫占地六万多平方米，有各式建筑九十多座三百多间，具有鲜明的满族特色，在全国现存的宫殿建筑群中，其历史价值和艺术价值仅次于北京故宫。沈阳故宫的建筑布局可分为东、中、西三路。中路建筑以崇政殿为主体，南起大清门，北止清宁宫。崇政殿又称正殿，是清太宗皇太极日常处理军政要务、接见外国使臣和边疆少数民族代表的地方。殿为五间出廊硬山式，前后有出廊，周围石雕栏杆，望柱下有吐水螭首，屋顶铺黄琉璃瓦，镶绿剪边。殿内彻上明造，饰以彩绘，内设贴金雕龙扇面大屏风和宝座，两侧有熏炉、香亭、烛台。

殿前有大月台，东设日晷，西有嘉量亭。

高台正南是凤凰楼，原名翔凤楼，是皇太极的御书房，也是当时沈阳城内最高的建筑。"凤楼晓日"被誉为沈阳八景之一。正北面是清宁宫，这是皇太极与皇后博尔济吉特氏的寝宫。清宁宫的两侧有东西配宫。东配宫有关雎宫、永福宫，西配宫有麟趾宫、衍庆宫。永福宫是顺治帝福临的生母——才智过人的庄妃的寝宫。在崇政殿和高台两侧各有一组建筑，东侧的建筑主要有：颐和殿、介祉宫、敬典阁；西侧的建筑主要有：迪光殿、保极宫、继思斋、崇谟阁。

东路建筑以大政殿为主体，两侧辅以"十王亭"。大政殿原名笃恭殿，重檐八角攒尖式，八面出廊，均为"斧头眼"式隔扇门。下面是一个高约 1.5 米的须弥座台基，绕以雕刻细致的荷花净瓶石栏杆。殿顶铺黄琉璃瓦镶绿剪边，正中相轮火焰珠顶。殿内有精致的斗拱、藻井和天花，殿前的两文溯阁是西路建筑的主体，辅助建筑有仰熙斋、嘉荫堂。文溯阁建于 1782 年，是专为贮存《四库全书》所建成的全国七阁之一，内立乾隆撰写的《御制文溯阁记》石碑，记录了文溯阁修建的经过和《四库全书》的收藏情况。沈阳故宫以其独特的建筑风格和丰富的馆藏吸引了大批国内外游人。沈阳故宫 1961 年被列入第一批全国重点文物保护单位。

2. 沈阳永陵

"三陵"之一的清永陵，这个国内最小的皇陵近年来越来越多地引起了人们的关注，它那不同于其他皇陵的"奇异"之处，也逐渐被人们所发现。龙的形象历来是腾云驾雾、威风凛凛，但永陵碑亭角柱上却刻着似龙似犬的龙纹，远看就像两条坐在地上看守大门的狗。满族人民对猎犬有深厚的感情，满族是女真人的后裔，在清军进关前是以游猎为主的民族，猎犬在其生活中占有重要地位。根据满族传说，在一次明军追杀努尔哈赤的危险时刻，是一只猎犬舍命相救，努尔哈赤才转危为安。把龙雕刻成狗的姿态不仅体现了满族祖先的特殊信仰，它的另一个重要含义是，清朝初年的统治者希望龙能像忠实的猎犬一样保佑大清王朝稳坐江山。

永陵的正殿——启运殿，雕着汉字"日""月"二字，这种建筑装饰在古代皇陵中很少见。一是象征满族的祖先是"肩挑日月的神人"；另一个在当地流传较广的说法是"破明"。据当地的老人讲，永陵在顺治十年才开始扩建，而此时清军刚进关不久，把"明"字拆开分别固定在殿的两端，表示"日月不能到一起，就不能复明"，有渴望天下安定的含义。

古代帝王自称"寡人"，死后更要一人独居，偏偏在永陵却出现了君臣共陵的现象。永陵是努尔哈赤于明万历二十六年为六世祖猛特穆和曾祖福满所建。清顺治十五年，顺治皇帝下令将葬在辽阳东京陵的努尔哈赤祖父觉昌安和父亲塔克世及其后妃迁回永陵，同时迁回的还有努尔哈赤的伯父和叔父。顺治五年，追尊六世祖、曾祖、祖父和父亲为皇帝，同时追尊努尔哈赤的伯父为郡王，追尊叔父为贝勒。四位祖宗被追尊为皇帝，伯父叔父被追尊为王爷贝勒，却安葬在同一陵寝内，虽然血脉相承，但在"君为臣纲"的封建时代，这种君臣共陵的现象也是极为罕见的。这种现象恰恰反映了清朝初年清皇族还没有完全被汉族的儒家等级思想所"汉化"，对研究满汉民族融合的"时间表"有一定意义。

3. 沈阳北陵（昭陵）

昭陵为清太宗皇太极及其皇后博尔济吉特氏的陵寝，因坐落在沈阳市北端，故又称北陵。昭陵与福陵、永陵齐名，合称"关外三陵"。

昭陵是清入关前"关外三陵"中规模最大的一座，占地面积450万平方米，构成北陵公园的主体部分。北陵公园东南部有东湖、青年湖，西南部有芳秀园，北部树木幽静、鸟语花香。全园林木葱郁，古松参天。

墓主皇太极是努尔哈赤的第八子。努尔哈赤死后，皇太极即位为金主，称皇帝。皇太极在位期间，积极推行汉化政策，不仅仿照明制设立"六部"官衙，而且组织人力翻译汉文典籍，他与其父努尔哈赤一样，对满族初期发展作出了杰出贡献。

昭陵始建于清崇德八年，竣工于顺治八年，后经康熙、嘉庆二帝增建，才成今日规模。昭陵不依山傍水，而是直接建在平地上，四周护以缭墙，极似一座小城。全陵占地 18 万平方米，共分三大部分，由南至北依次为：前部，从下马碑到正红门；中部，从正红门到隆恩门；后部，从隆恩门到宝顶。主体建筑都建在中轴线上，由南至北依次为：神桥、牌楼、正红门、碑亭、隆恩门、隆恩殿、明楼、宝顶。两侧呈对称布局，建有辅助建筑。

游昭陵时，先游前部。前部在缭墙外，参道两侧有华表、石狮、更衣亭等，而正中是牌楼。牌楼是前部主体建筑，系青石建成，四柱三层，雕刻得玲珑剔透，精美无双，为罕见的艺术珍品。参观罢牌楼，即可至正红门，这是游中部的开始。正红门为缭墙的正南门，层楼高耸，十分庄严，而其两翼所装饰的五色琉璃蟠龙壁，因造型生动，更引人注目。正红门内的参道两旁，有华表、石兽和大望柱，它们两两相对，既整饬又肃穆。石兽中最值得欣赏的是"大白"和"小白"。这两匹石马，形象逼真，栩栩如生，据说是以墓主生前最爱骑的两匹骏马为原型雕琢而成。出碑亭即至隆恩门。隆恩门是方城的正南门，与碑亭相对，方城为后部，它建造得如同城池一般，位于缭墙内，仿佛是城中之城。游方城，先要游隆恩殿。隆恩殿居于方城中心，前有隆恩门，后有明楼，左右有配殿，四隅有角楼，犹如众星拱月一般，故显得异常雄伟。隆恩殿以雕刻精美的花岗岩台阶为底座，以光闪闪的黄琉璃瓦为屋顶，再加上画栋雕梁、金匾红墙，故又显得异常华丽。参观完隆恩殿，经过明楼，即可至宝城。宝城在方城北端，为月牙形。宝城内称宝顶，其下即地宫，安置着墓主夫妇的棺椁和陪葬品。登上宝顶，向四下一望，绿树环合，景色清幽，宛若置身于城市山林中，一种恬适之感油然而生。

4. 沈阳东陵（福陵）

福陵是清太祖努尔哈赤及其皇后叶赫那拉氏的陵基，占地 500 余公顷，始建于 1629 年，1651 年基本建成。福陵是沈阳名胜古迹

之一，具有我国古代建筑艺术的传统和满族文化风格。

陵园坐北朝南，四周围以红墙，南面中央为单檐歇山式正红门三楹，拱门三道。门内参道两侧成对排列着石狮、石马、石驼、石虎等石雕。平地尽头，利用天然山势修筑了一百零八蹬石阶，以象征三十六天罡和七十二地煞。过了石桥，正中为碑楼，重檐歇山式，四面券门，下为须弥座式台基，内立清圣祖玄烨亲撰的"大清福陵神功圣德碑"，碑文用满、汉两种文字书刻，记载着努尔哈赤的功绩。再北的城堡式建筑叫方城，四角建有角楼。方城南面正中建有隆恩门，门楣上用汉、满、蒙三种文字刻成"隆恩门"三字。进门迎面为隆恩殿，是祭祀用的享殿，殿后洞门之上设明楼，内立"太祖高皇帝之陵"石碑。方城后为圆形宝城，两城间呈月牙状，因而也叫月牙城。宝城正中有一突起的宝顶，下为埋置灵柩的地宫。福陵建筑群是劳动人民血汗和智慧的结晶，它将我国传统建筑形式与满族建筑形式融为一体，形成了异于关内各陵的独特风格。

（二）辽宁五大旅游城市——葫芦岛

葫芦岛市是辽宁省下辖的一个省辖市，1989 年经国务院批准成立地级市，原名锦西市。1994 年更名为葫芦岛市，是辽宁省最年轻的城市。东邻锦州，西接山海关，南临渤海辽东湾，与大连、营口、锦州、秦皇岛、天津、青岛等城市构成了环渤海经济圈；扼关内外之咽喉，是中国东北的西大门，为山海关外第一个地级市，特殊的地理位置使葫芦岛与北京、天津、北戴河、秦皇岛、兴城构成了一条黄金旅游带，被一些著名学者命名为"北京的后花园"。

葫芦岛市设县治始于清光绪三十二年，始称江家屯抚民厅治所置于江家屯，后于大同元年迁至连山。从市境发掘的文物、遗址、遗物证实：远在数万年前就有人类在这里劳动、繁衍、生息。1982 年 5 月在境内南票区暖池塘镇北一带出土的恐龙化石鉴别证明，距今已有一亿五千万年历史。1921 年 6 月瑞典地质学

中国北方地域文化

家特生博士对境内南票区沙锅屯二里媳妇山东坡天然洞穴中发掘的人骨、石器、骨器、彩陶片进行鉴别，认为遗物为距今七千年以前新石器晚期的人类遗物。其中红胎黑彩陶皿与河南仰韶村出土的彩陶同属于一种文化类型，而长颈瓶陶片又与甘肃出土的同类同期文物相同。绥中县绥中镇龙王山和区寺儿堡镇北出土的古墓等，都证明本境属"红山文化"，是古代南下辽西的一种文化类型，是古代人群部落沿北向南延伸的整体。

（三）辽宁五大旅游城市——丹东

丹东位于辽宁省东南部的鸭绿江畔，南临黄海，毗邻大连，西接鞍山，北连本溪，东部与朝鲜半岛陆路相通，是一个以轻纺、电子、港口、贸易、旅游为主要特色的边境城市。丹东下辖两市一县三区，即东港市、凤城市和宽甸满族自治县及振兴区、元宝区、振安区，全市总面积 14910 平方公里，其中市区面积 563 平方公里。人口 240 万，居住着汉、满、蒙、回、朝鲜等 29 个民族，其中满族人口占全市总人口的 32%。丹东地处东北亚中心，居于中国黄海、渤海两个经济圈的交汇点，是中国最北方的重要海港；丹东气候宜人，冬无严寒，夏无酷暑，是东北地区最温暖湿润的地方；丹东具有地理位置、自然资源、工农业经济、基础设施、旅游资源等多方面的优势，有利于经济发展，便于国内外客商前来投资合作、兴办企业，也是理想的长久居住之所。丹东具有丰富的自然资源，经济开发潜力很大。地下蕴藏有金、银、铅、锌、铁、硼、煤、大理石、红柱石、高岭土等有开采价值的矿藏达 56 种，著名的丹东绿大理石，被东南亚客商誉为"理石之冠"。丹东河流、水库众多，水资源丰富，水质优良，丹东还盛产人参和柞蚕、板栗、山楂、草莓、杏梅、猕猴桃、绒山羊、林蛙等农林土特产品，其中宽甸县的柱参被誉为"园参之冠"。

鸭绿江古称坝水，唐朝始称

鸭绿江，因其水色青绿、恰如鸭头而得名。鸭绿江发源于吉林省长白山南麓，流经长白、集安、宽甸、丹东等地，向南注入黄海，全长795公里，是中朝两国的界河。鸭绿江风景名胜区由六大景区100多个景点组成，鸭绿江风景区位于鸭绿江中下游，与朝鲜碧潼、清水、义州、新义州隔江相望，江水蜿蜒舒缓，两岸峭壁嶙峋，林木郁郁葱葱，形成了绚丽多彩的自然景观，有浩瀚秀美的水丰湖、雄峙江畔的虎山长城、弹痕累累的鸭绿江大桥、我国1.8万公里的海岸线最北端的江海分界线和古人类洞穴遗址、原始村落遗址和现代园林建筑等，构成了丰富的自然景观和人文景观。

虎山位于丹东市城东十五公里的鸭绿江畔，是国家级鸭绿江风景名胜区的一个重要景区，与朝鲜的于赤岛和古城义洲隔江相望。

虎山原名马耳山，因两个并排高耸的山峰，状似两只竖立的虎耳，亦称虎耳山，至清代演化为今日的虎山。虎山突起于鸭绿江边，平地孤耸，视野开阔，对岸朝鲜的田地、房屋一览无余。虎山面积4平方公里，主峰高146.3米。峰顶是万里长城的第一个峰火台，站在峰火台上环顾四周，朝鲜的义州城、中国的马市沙洲和连接丹东与新义州的鸭绿江大桥清晰可见。虎山环境优美，是早年安东八大名景之一，这里有长城、睡佛、虎口崖等二十八个景点，是丹东城郊绝好的旅游胜地。规划中的虎山绿水萦绕，山上长城起伏，环山湖游艇穿梭直通鸭绿江，绿树山花与湖水相映，风景如面。这里将建设民俗村、边贸市场、长城博物馆、美食街等。经国家批准正在修复的虎山长城已竣工730多延长米。不久沿江游览路将直通虎山景区，从市区到虎山只需十几分钟就能到达。未来的虎山将是集游览、娱乐、度假、科研于一体的深受游客青睐的旅游区。

（四）辽宁五大旅游城市——大连

大连依山傍海，气候宜人，环境优美，夏无酷暑，冬无严寒，是中国著名的避暑胜地和旅游热点城市。大连作为中国首批"优秀旅游城市"，不仅有丰富的中国近代人文历史旅游资源，还有许多风景奇秀的自然旅游资源。南部沿海风景区、旅顺口风景区、金石滩风景区和冰峪风景区是大连四大名胜风景区。一年一度的大连国际服装节、烟花爆竹迎春会、赏槐会、国际马拉松赛等大型活动，融经济、文化、旅游为一体，享誉海内外，给城市发展带来了无限商机和活力。

100 年前，一批对法国文化情有独钟的沙俄工程师揣着巴黎的城建图纸来到这里，希望在这片土地上再造一个"东方巴黎"。由此形成了大连的一大特色——以广场为中心，街道向四面八方辐射。大连的广场特别多，不大的一块地方，只要有四面辐射的街道，就称之为广场。全城有 80 多个广场，大连不仅广场最多，广场文化也同样丰富多彩，绿地、白鸽、雕塑、喷泉自不用说，还有全国独一无二的女骑警和圆舞曲。

由于大连重视基础城市建设、美化环境和环境保护工作，先后荣获联合国授予的"人居奖"、环境"全球 500 佳"城市和全国绿化先进城市、全国环境综合整治十佳城市、国家卫生城市、国家级园林城市、国家环保模范城等荣誉称号，获国家建设部"中国人居环境奖"，被联合国确定为亚太地区环境治理先导城市，被授予"国际生态安全最佳城市"称号。目前城市绿化覆盖率达 42%。大连旅游的旺季从每年 5 月下旬的赏槐会和出口商品交易会开始，一直到 9 月上旬的国际服装节结束。这期间，大连几乎被游人趟平了。9 月过后的大半年里，海水凉了，人潮散了，而大连的美丽并没有随天气和人气而淡去。游人走了，游鱼便回来了，九、十月份是海边垂钓的佳期。再冷一点，冰峪沟的

冰灯会开了，或到金石滩的狩猎场去狩猎，也不失为淡季游大连的余兴节目。

（五）辽宁五大旅游城市之一——鞍山

1. 千山

千山，又名千朵莲花山，位于鞍山市东南 18 公里处，占地面积 44 平方公里，是全国重点风景名胜区。远在隋唐时期，千山就有寺庙建筑；清代中期，

道教传入千山，相继建成了"五宫""八观""五大禅林""十二茅庵"等 38 处不同风格的庙宇和大量的碑、塔、亭、阁。千山有景点 300 余处，按自然地形分为北部、中部、西部和南部 4 个景区。北部景点主要有无量观、龙泉寺、南泉庵、五佛顶和小黄山；中部景点主要有中会寺、五龙宫；西部主要景点有太和宫、斗姆宫；南部景点主要有香岩寺、仙人台。在千山北部绣莲台景区内，一尊天然形成的巨型弥勒大佛威严正坐山巅。大佛身高 70 米、肩宽 50 米、头高 10 米，形象逼真、栩栩如生，是千山一大奇观。

2. 鞍山玉佛苑

玉佛苑风景区，位于辽宁省鞍山市市区东部。它占地四万平方米，三面环山，一面临水，背倚风光秀丽的东山风景区，与天然弥勒大佛遥相呼应，是当代中国旅游史上的一大奇观。风景区由玉佛阁、玉带桥、三洞式山门、荷花池、花果岛等各具特色、风格迥异的建筑组成，互相映衬，相得益彰。三块御路雕有九条龙，含有"九龙捧圣"之意。

玉在中华的珍贵犹如金子在西方的地位，是神奇和极具象征的自然之宝。世界上最大的玉石王在 1960 年发现于玉乡岫岩，高 7.95 米，宽 6.88 米，厚 4.1 米，总重为 260.76 吨，集深绿、浅绿、绿、黄、白、黑、蓝为一体，色彩斑斓、色泽明丽，堪称稀世珍宝。1996 年，鞍山玉佛苑这一气势雄伟的建筑群连同人们翘首以待的世界最大玉佛，经过八十多名能工巧匠历时两年零六个月的

精雕细刻，终于揭开神秘的面纱，向世人展示其迷人的风采，以博大的胸襟迎接海内外宾朋的光临。"玉石王"的正面为端庄肃穆的巨型释迦牟尼法相，脸部正好被刻在了一块灵光四射、洁净无比的深黑绿色宝玉上，人们称为"佛面天成"。"玉石王"的北面，雕刻着观世音飘飘而下，展现其救渡众生的绝代风采。观世音的脸部也正好被刻在一块无比亮丽的浅绿色的碧玉上，鲜润明澈，细腻柔和，蕴含着无比的神韵。观世音的后方显示出了普陀山的景象，在观世音的右侧自然形成了栩栩如生的"龙凤"图形，左侧呈绿色的玉地上有黄玉纹形成的巨大的"真"字，这一切并不是有意雕刻，而是自身存在。这一景观的出现，已成为世界玉文化和雕刻史上的一大奇迹。玉佛落座在于佛阁内，玉佛阁高 33 米，宽 66 米，进深 8 米，飞瓦斗拱，雕梁画栋，金碧辉煌， 7.2 米高的 18 根汉白玉蟠龙柱顶天立地，气势沉雄。由双面浮雕汉白玉雕花栏板，栏杆柱头有 392 个形态各异、栩栩如生的汉白玉石狮围成的三洞式山门是集天安门和万博城大门之精华，创造了园林和古今建筑史上的一大奇观。面对鞍山市区，背靠千山龙泉寺的玉佛苑，与千山天然弥勒大佛相呼应，已成为当代旅游史上的一大奇观。玉佛苑风景区自建成以来，每年接待旅游者达 60 余万人次。党和国家的多位领导人曾先后前来视察，对玉佛的巧夺天工赞叹不已。

（六）长春伪满遗迹

1932 年 2 月，日本侵略者在沈阳召开"东北行政委员会"，通过满州国建国方案，决定成立满州国政府，以溥仪为"执政"，定都长春，改为新京。并在新京建起了伪满国务院及所属八个部，即伪满治安部、伪满司法部、伪满经济部、伪满交通部、伪满兴农部、伪满文教部、伪满外交部、伪满民生部，统称"八大部"。

3 月 9 日，溥仪就任执政，年号"大同"，正式开始了他在日本帝国主义羽翼下奴役东北人民的可耻政治生涯。

位于光复路的伪皇宫，是溥仪日常生活及政治活动的场所，由勤民楼、辑熙楼、同德殿等一组中国古典式、欧式、日本式建筑及其附属设施组合而成。宫内展有溥仪及众妃们的腊像，偏殿有日本侵华及溥仪从皇帝到平民的一系列图片展。

"八大部"位于长春市中心，1936年间基本建成，唯有溥仪的"新皇宫"只完成地下部分，而金碧辉煌的宫殿，是解放初完工的。宫殿华丽中透着古朴，翠绿色琉璃瓦的宫顶，高大的六根红柱，使整个宫殿庄严雄伟。宫殿占地31.2公顷。殿前的广场已改建为文化广场，是人们观光休闲的理想场所，那绿色的草坪、白色的广场鸽以及壮美的雕塑太阳鸟，每天都吸引着大批游人。站在宫殿的中轴线上向南望去，一条宽阔笔直的大街直插南湖公园，宽约60米，两侧是高高的杨树，中线花坛是松、柏、丁香树带，通街像一条绿色长廊。"八大部"办公楼就坐落在沿街两侧。

伪满综合法衙（今中国人民解放军461医院），邻近南湖公园，占地面积10万余平方米，正中塔式楼顶，嵌以紫红色的琉璃瓦，外墙用咖啡色砖贴面，设计新颖独特，外表呈圆角曲线形。它是伪满洲国的最高司法机关，是日本帝国主义和伪满傀儡政权统治镇压中国人民的主要工具之一，楼内设有刑讯室和绞人机等十种刑具，无数中华优秀儿女，在此惨遭无辜杀害。

八大部建筑各具特色，绝无雷同。其间各有院落，皆掩映在绿涛之中，错落有致的高大楼房，典雅幽静的庭院，集中西方建筑风格于一体，这里的街心带状花园与和谐的建筑，把长带形风景区装扮得格外俊美。

（七）吉林雾凇

隆冬时节，当北国大地万木萧条的时候，走进东北的吉林市，你却会看到一道神奇而美丽的风景。沿着松花江的堤岸望去，松柳凝霜挂雪、戴玉披银，如朵朵白银、排排雪浪，十分壮观，这就是被人们称为"雾凇"的奇观。吉林雾凇以其"冬天里的春天"般诗情画意的美，同桂林山水、云南石林、长江三峡一起被誉为中国四大自然奇观。雾凇俗称"树挂"，是在有雾的寒冷天气里，雾滴冻结附着在草木和其他物体迎风面的疏松冻结层，是大自然中较为常见的现象，在中国和世界的许多地方都能看到它的身影，但偏偏吉林市的雾凇一枝独秀。

吉林雾凇仪态万方、独具丰韵的奇观，让络绎不绝的中外游客赞不绝口。每当雾凇来临，吉林市松花江岸十里长堤"忽如一夜春风来，千树万树梨花开"，柳树结银花，松树绽银菊，把人们带进如诗如画的仙境。

雾凇是其学名，现代人对这一自然景观有许多更为形象的叫法：因为它美丽皎洁，晶莹闪烁，像盎然怒放的花儿，被称为"冰花"；因为它在凛冽寒流袭卷大地、万物失去生机之时，像高山上的雪莲，凌霜傲雪，在斗寒中盛开，韵味浓郁，被称为"傲霜花"；因为它是大自然赋予人类的精美艺术品，好似"琼楼玉宇"，寓意深邃，为人类带来美意延年的美好情愫，被称为"琼花"；因为它像气势磅礴的落雪挂满枝头，把神州点缀得繁花似锦，景观壮丽迷人，成为北国风光之最，激起各界文人骚客的雅兴，吟诗绘画，抒发情怀，被称为"雪柳"。雾凇来时"忽如一夜春风来，千树万树梨花开"，雾凇去时"无可奈何花落去，似曾相识燕归来"，真正的说来就来，说走就走，一派天地使者的凛凛之气。

（八）长白山

"千年积雪万年松，直上人间第一峰"，长白山高 2749 米，为国内群山之冠，也是欧亚大陆东部最高的山峰，与峨眉山、富士山并列为"亚洲三大雪山"。它还是满族的发祥地、朝鲜族的"圣山"。万顷长白雪凇，千般风情雪韵。白雪皑皑的长白山，犹如一位玉洁冰清的仙女亭亭玉立于林海雪原之上。

天池是长白山的第一胜景，不看天池，不算到过长白山。冬日的天池，水结成冰，犹如一面映天宝镜镶嵌在长白山之巅，如莲花瓣环抱着天池的长白十六峰覆盖着洁白的冰雪，天池宁静，群峰伟岸，给人以无言的力量，让人敬畏。长白山是座火山，天池是这座火山的喷火口。

长白山的雾凇也是独具一格的。在天池湖畔、瀑布周围、白河两岸，氤氲缭绕的雾气染白了树木枝叶，染白了山石大地，使满山遍野看上去就像绽开洁白的梅花。长白山雾凇的形成，主要因为这里地处平缓的丘陵高原，小水泡星罗棋布，地下水含量较高，加上位于火山喷发形成的温泉附近，在 50℃和零下 30℃的温差下，水形成浓雾。每年 12 月至次年 2 月，是长白山看雾凇的最好时机。

在林海雪原玩累了，泡个温泉澡是再惬意不过的。长白山不少宾馆都设有温泉，室内温泉没什么新鲜的，有意思的是露天温泉。从室内温泉池可以潜水到室外，山石为底，星月作顶，四周皑皑雪山是最好的屏障。在零下 30℃的环境下，泡在 60℃的温泉里，耳旁是天籁之声，这滋味只有在长白山才能享受到。

（九）五大连池

五大连池是北方的一处旅游、疗养胜地，位于黑龙江省德都县境内。五大连池是火山喷发的熔岩流堵塞了白河河道，形成五个串珠般的湖泊而得名。这里是一组休眠的火山群，在五大连池周围分布有 14 座火山和 60 多平方公里的熔岩台地。这组火山群，拔地而起，形态各异，形成了一个别具一格的风景区，人们也称这里为"火山公园"或"自然火山博物馆"。五大连池有两大特色，一是景色奇特，由火山喷发形成的熔岩，有的像一条长龙，有的如象鼻在吸水，有的像一条瀑布，形象逼真。还有一种外观十分好看的"石塔"，高约二三米，这也是火山熔岩层层盘叠而成的，熔岩在地下流动形成的熔岩空洞，也是旅游者感兴趣的地方。二是矿泉资源丰富，这里很多地方都有矿泉水涌出，多为冷矿泉，水温低，含有十几种对人体有益的元素，统称为重碳酸矿水。这种矿泉水可饮可浴，能治疗胃病、神经衰弱、皮肤病、高血压等病症。每年端午节，附近的市民要过饮水节，这是当地全年最隆重的节日，市里连续放假三天。端午节这天零点一过，围聚在饮泉旁的人们，便争相从环列的供水管中饮水，每个饮水者的脸上都显现着甜蜜的微笑，人们互相道福。传说，端午节零点的水，是象征吉祥的"神水""圣水"，能治百病，喝到这个时间的水，能免除全年灾难。

五、关东的饮食文化

"民以食为天"这句话大家都知道，说到吃，关东人也有自己的口味。东北的饮食也秉承白山黑水的豪阔气概，天上飞的、林子里跑的、水里游的、树上结的、地上种的，举凡可以食用的都逃不过，东北菜也是中国各菜系中最能体现"家常"精髓的菜式。

（一）猪肉炖粉条

在北方，人们最喜欢吃的就是猪肉炖粉条，这主要是因为北方盛产土豆粉，粉在东北是人们生活不可离开的好吃的食物，特别是用猪肉来炖粉，奇香无比。东北人过年必杀猪，大块大块的猪肉切下来，和粉条一起下锅炖，大火咕嘟一阵后，香气四溢，闻一闻就能幸福得昏过去。盛一碗米饭，把猪肉炖粉条连汤带水放到碗里，因为肉汤在里边起了作用，把滋味儿都炖进粉里边去了，吃上一口，余香无尽。

（二）那家白肉血肠

坐落在沈阳故宫西侧的那家馆，原本主要经营东北地方菜肴，后来由于增添了白肉血肠，使这家饭店声名大振。他家的白肉，须用新宰杀的肥猪五花，以白水加调料，用急火煮沸，移小火余透，膘肥不腻。血肠须用新宰杀的猪血，加入适量清水和调料用新猪肠灌成，味道鲜浓。白肉血肠蘸以蒜泥、韭菜花酱或辣椒油等调料食用，味留齿颊，经久不散。特别是严冬季节，如配以酸菜丝在一起氽制，汤鲜菜脆，大有驱寒生暖之效。酸菜、白肉、血肠，东北家常菜中的三剑客，无敌组合。

（三）大酱

虽说猪肉炖粉条、酸菜血肠家常，但东北人常年累月供在饭桌上的却是大酱。大酱是山东人"闯关东"时带到东北的，众多的山东人后裔在东北肥沃的黑土地上种植了一眼望不到边的大豆，并把山东人爱吃的大葱蘸大酱的习俗发扬光大。大酱是东北谁家都不能缺的食物，炖肉炖鱼要放，炸酱面也少不了，但最家常的吃法要数吃法简单的蘸酱菜。大葱、箩卜、辣椒、土豆、白菜，加上一小碟炸好的肉酱或鸡蛋酱让人们的生活回味无穷，像川湘人离不开辣椒、江浙人离不开白糖、山西人家家储备一缸老陈醋一样，东北的农家必定有一缸两缸的大酱，东北人的大酱情结只怕是一生都无法解开。

（四）吉林有道"吉菜"

吉菜具有深厚的文化底蕴，它的形成发展与吉林的地理、历史、经济、民族、文化、风俗、资源等因素密切相关。吉林处于我国东北中部，是世界三大黑土地之一，土地肥沃，物华天宝，具有极为丰富的动植物资源，尤其是"天然、绿色"资源得天独厚，是吉菜发展的有利条件。

吉菜历史悠久，早在三千年前满族的祖先就定居在白山黑水之间，过着渔猎生活。吉林自古还有汉、朝、蒙等民族在这里繁衍生息，各民族文化和饮食习惯不同，如满族人喜食炖菜和面点、朝鲜族酷爱冷面和狗肉、蒙古族爱吃烤肉，这些特有的饮食习惯，形成了独特的多元化饮食文化。

在烹调技法上，吉菜受鲁菜影响较大。伪满洲国统治时期，末代皇帝溥仪在长春建立伪满洲国皇宫，一时成为当时政治文化中心，宫中御膳房除北京的清宫御厨，山东名厨也纷至沓来，使山东菜、宫廷菜与吉林民间菜肴相互交融，对当地的烹饪技艺产生了很大的影响。吉林冬天气候寒冷，人体需要的热量多，加上吉林人热情好客、讲究丰满实惠，所以菜肴肉多，尤其是山珍野味多。无论哪个民族，每当客人来到，便拿出酒肉盛情款待，大块吃肉、大碗喝酒，而且菜肴品种多、菜量大，这是千百年来形成的饮食习俗。吉林菜肴经过多年的民族融合，已经形成了以民族、地域、烹调技法、饮食习俗为特点的吉林风味菜点，并深受广大吉林人民的喜爱。近几年吉林经济迅速发展，人民生活水平不断提高，绿色餐饮资源更加丰富，为吉菜开发提供了良好的发展条件和空间。

（五）朝鲜冷面和打糕

朝鲜族是东北一个比较有特色的少数民族，冷面和打糕是朝鲜族独具风味的食品，也是人们最喜爱的食物。冷面有悠久的历史，每年农历正月初四中午，朝鲜族人民习惯吃冷面，亦称长寿面，取其纤细绵长，预兆多福多寿。除此之

外，凡遇喜庆节日，或新婚嫁娶，或客来宾至，这也是主人招待客人的食品。冷面的原料和佐料很是讲究，原料多是荞麦面、小麦面，也有用玉米面、高粱粉或白薯粉制作的。佐料种类多样，有牛肉、猪肉、鸡肉、蛋丝、芝麻、辣椒、苹果、苹果梨等，并以香油拌制，这种冷面吃起来酸甜香辣，清凉爽口，别有风味。

朝鲜族主要种植水稻，大米自然成为主食，朝鲜族喜欢吃米糕也和他们盛产大米有关。米糕的种类很多，有打糕、切糕、片糕等，其中以打糕为最。打糕是逢年过节、嫁女儿、娶媳妇、办丧事招待宾客的主要食物之一。做打糕时先将糯米蒸熟，放在木槽或石臼里，用木锤或石锤打烂成糕团，再放上一些小红豆做的豆沙面，蘸上白糖或蜂蜜，吃起来酥软香甜，风味很浓。

当然，朝鲜族的泡菜——辣白菜也是很有名的。他们先将洗净的白菜切开，用盐腌几天挤去水分，在每一棵白菜上抹上用胡萝卜、生姜、大蒜、干辣椒、盐、味素等做成的调料，然后一层层码在干净的缸里，每一层白菜上放一层苹果片，装满封缸。半个月后便可食用。这种泡菜吃起来香甜酸辣，十分可口。由于做法简单易学，现在许多汉族家庭也如法炮制，成为餐桌上的佳肴。

（六）烤地瓜

走在大街上，常可以听到"烤地瓜"的吆喝声，冬天更为常见。地瓜，关里人叫"白薯"或"红薯"，可东北人只叫它地瓜。

烤地瓜所用的炉子，几乎约定俗成是用圆柱形的大汽油桶做成。上面开圆口，再做成盖子。炉膛里一般放两层箅子，都是用铁条做成。下面的一层用以将生地瓜烤熟，上面的一层中间留出空间，把烤熟的地瓜拿到这层箅子上保温。炉的下层是煤炉。也有的把煤炉和上面的"笼屉"分开，生好火之后再把上层

坐上去。因为地瓜本身就含有很高的糖分，既不用去皮切块，也不用放任何作料或预备碗筷，只要洗净烤熟就可以吃。由于干这一行不需要复杂的设备和手艺，而且原料和材料来源比较充足，很多人都是春夏卖菜或做其他小生意，天冷了以后买新地瓜入窖贮藏再做这行。烤地瓜虽是街头小吃一类，但也能充饥当饭吃，价钱又很便宜。在寒冷的冬天，看到热气腾腾的烤炉，想到那红皮黄瓤的颜色、热乎甜软的口感，很多路人都会买上几块。

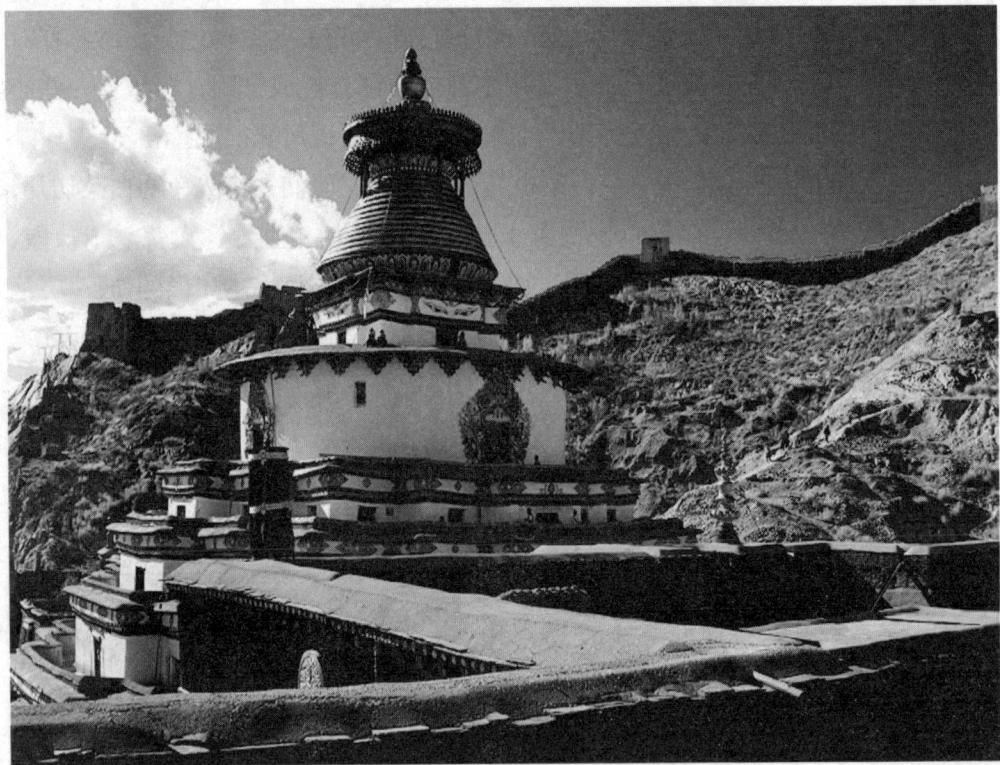

中原文化

中原文化与中国传统的吴越文化、岭南文化、巴蜀文化一样，都是以地域名之。然而，中原文化之构成，却不囿于地域文化，主要由两部分构成：一是中原文化的主体部分，以河洛地区文化为代表。历代成于中原之地的经史子集、百工技艺、风土习俗、人物景观等类，林林总总，蔚为大观。二是非中原人氏却在中原地区创造或中原人氏在其他地区研究中原所形成的文化。

一、中原文化的界定

关于中原文化的界定，学术界有好几种说法。一种是将词拆分开来理解，先界定"中原"的地域概念再限定"文化"的范围。"中原"这一地域概念，有狭义与广义之分。狭义的中原指河南一带。广义的中原，至今学术界对其定位依然不确定，有的认为是黄河中下游地区，即河南大部、山东西部以及河北、山西南部；有的认为应该将整个黄河流域归为中原；还有少数人认为"禹定九州、制九鼎"，九州即中原。本文讨论的中原文化，是指广义的中原地域。"文化"一词，也有狭义与广义之分。本文指的是广义上的文化，既包括意识形态方面的，如哲学、文学、史学、艺术等，也包括考古学上说的诸如裴李岗文化、仰韶文化、龙山文化、二里头文化等，这种是最常见、最认可的界定。另一种是从文化的角度出发，从文化的性质、特征上理解中原，将中原放在一个大的文化背景上进行多层次、多角度的研究，将中原文化历史悠久的性质以及积淀深厚的特征表现出来。中原文化的历史悠久性，可从传说中的三皇五帝说起。第一，我们的始祖、三皇之首的伏羲氏，据说当年在今天的淮阳（古称宛丘，又称陈）建都。6000多年前，伏羲在这里"作网罟、正姓氏、制嫁娶、画八卦、造琴瑟"。至今，在淮阳，有许多文物古迹，如伏羲太昊陵、画卦台等，还有二月二的"人祖会""泥泥狗"等风俗习惯和民间文化，都在纪念着伏羲，传承着伏羲文化。第二，另一中华始祖轩辕黄帝。他生活在5000年前，传说因生于轩辕之丘，故称为轩辕氏，后来轩辕氏建都于有熊（今河南省新郑市）。据史料记载：黄帝是该部落酋长之子，后来黄帝成为有熊部落的酋长。他很有智慧和能力，集政治家、科学家、军事家于一身。这位杰出的领袖"修德振兵"，经过与其他部落的多次战

争，先后打败、融合了炎帝和蚩尤等部落，结束了远古战争，在新郑"大会诸侯"，被拥立为中国第一个"天下共主"，而当时的新郑也成为统治天下的政治中心。据说中华民族的养蚕、舟车、文字、音律、医学、算术等很多发明创造，都创始于黄帝时期。杨翰卿在《论中原文化及其精神》中对黄帝文化进行概述："黄帝文化象征着中华民族团结凝聚的力量，汇集为中华民族自尊自信的源泉，更是中原文化的骄傲和自豪。"黄帝和炎帝是中国传说时代的英雄，中国人习惯称自己是炎黄子孙。相传历史上的二位禅让制明君尧、以及夏、商、周三代帝王均为黄帝后裔。不止如此，还有其他少数民族，如满族、蒙古族、藏族等民族，甚至西迁欧洲的匈奴，都自认为是黄帝子孙，可见黄帝文化对中华民族影响之深。共同的祖先观念，使中华民族具有超长的凝聚力、感召力和影响力。

第三，颛顼、帝喾是上古"五帝"中的二帝。早在4400年前，二帝继黄帝轩辕氏之后，颛顼是黄帝之孙，帝喾是黄帝的曾孙，为华夏之祖先，他们相继而立于帝丘（今濮阳市）。据传，农历三月十八，是颛顼帝的生日。现如今，每年的这一天，方圆百里的群众都要来这里赶庙会，祭奠二帝。

中原文化积淀之深厚，主要表现在以下几个方面：

第一，政治文化的积淀。据统计，从夏代到宋代这近3500多年间，有20多个朝代、200多位帝王在河南建都。众所周知，全国有七大古都，其中三大古都——安阳、洛阳、开封都在河南。安阳是拥有8000年的裴李岗文化、5000年的黄帝文化和2700年的郑韩文化的"中华第一古都"；洛阳是"九朝古都"，从东周开始，东汉、曹魏、西晋、北魏（孝文帝以后）、隋（炀帝）、唐（武后）、五代时的后梁、后唐，先后有九个王朝建都于此；而开封是"七朝古都"，战国时期的魏，五代时期的后梁、后晋、后汉、后周以及北宋和金均在此建都。这些朝代在中原地区颁行法律、制定政策、形成制度，如：中央行政制度方面（三公九卿制、三省六部制）、地方行

政制度方面（分封制、郡县制、封国制、蕃汉分治制、行省制、土司制、改土归流）、选官制度方面（禅让制、世袭制、察举制、九品中正制、科举制、自荐求官制）、军事制度方面（常备军制、军功爵禄制、太尉负责制、府兵制、募兵制和节度使制、猛安谋克制、五军都督府和卫所军制）、监察政策方面（设立御史大夫、刺史、通判等职位）等制度政策，从而形成厚重的中原政治文化。

第二，思想文化的积淀。在中原文化的历史发展中，思想理论文化的积淀非常深厚。儒家、道家、墨家、法家、易学思想佛家文化等各种思想理论文化，无不在中原创始或发展。

第三，科技文化的积淀。在中原历史上产生了许许多多的科学家、医学家、天文学家。作为我国古代最早的星表编制人——石申，生于4世纪前，他编的《天文》一书共八卷，被后人誉为《石氏星经》。后经后人改造，成为世界最古老的星表——石氏星表，远比古希腊天文学家依巴谷在公元前2世纪编制的星表还早。东汉大科学家杜诗在总结劳动人民实践经验基础上发明的"水排"鼓风技术，因为它"用力少，见功多"，所以得到广泛使用，这一技术比欧洲早1000余年。东汉天文学家张衡制作的浑天仪是世界上最早用水力推动的浑天仪。浑天仪分内外两圈，可以转动，上面刻有南北极、赤道、黄道、24节气以及日月星辰等，日月星辰位置和出没情况与宇宙间的情形完全一致。由他发明的地动仪是世界上第一台利用物理惯性测定地震发生情况及其方向的地动仪。以精铜铸之，形状与酒樽类似，四周镶有8条龙，龙头对着东、南、西、北及东北、东南、西北、西南8个方向，龙嘴各衔龙珠一颗，每个龙头下面各蹲一只青蛙。如果发生地震，发生地震的那个方向的龙嘴会自动张开，龙珠随之滚出，落入青蛙嘴中，工作人员便可立刻记下地震的时间和方向。这些发明在世界科学史上占有重要的地位，充分体现了中华民族的伟大智慧。东汉著名医学家张仲景著的《伤寒论》，全书共12卷，22篇，397法。除去重复之外共有药方112个。全书重点论述人体感受风寒之邪而引起的一系列病理变化及如何进行辩证施治的方法。在中国医学诊断治疗方面确立了"辨证论治"的基本原则，他还把病症分为太阳、阳明、少阳、太阴、厥阴、少阴六种，即所谓"六经"。并通过望、闻、问、切四诊，奠定了中医治疗学的基础，对祖国医学发展作出了巨大贡献，对东南亚各国医学产生了重要影响。

第四，艺术文化的积淀。大家熟知的唐三彩即起源于此处，它分布在长安和洛阳两地，在长安的称西窑，在洛阳的则称东窑。它是一种盛行于唐代的陶器，以黄、白、绿为基本釉色，后来人们习惯地把这类陶器称为"唐三彩"。它的种类很多，有人物、动物、碗盘、水器、酒器、文具、家具、房屋，甚至装骨灰的壶坛等等，以造型生动逼真、色泽艳丽和富有生活气息而著称。唐三彩的诞生已有1300多年的历史了，它吸取了中国国画、雕塑等工艺美术的特点，采用堆贴、刻画等多种形式的装饰图案，线条粗犷有力。宋瓷是另一个代表中原艺术的艺术品，既体现着中原古代人民的科学技术，也体现了古代人民丰富的艺术文化生活。在中国陶瓷工艺史上，宋瓷以单色釉的高度发展著称，其色调之优雅，无与伦比，被西方学者誉为"中国绘画和陶瓷的伟大时期"。另外还有散文、诗歌、书法、绘画、建筑等。

散文方面，先秦战国时期的庄子称得上大散文家，他写过很多名篇，文章中都充满了浪漫主义的色彩。大家熟悉的《逍遥游》中的"穷发之北有冥海者，天池也。有鱼焉，其广数千里，未有知其修者，其名曰鲲。有鸟焉，其名为鹏，背若太山，翼若垂天之云；抟扶摇羊角而上者九万里，绝云气，负青天，然后图南，且适南冥也"。还有《齐物论》《养生主》都是非常优美的哲学散文。唐朝著名的文学家、思想家韩愈（河南孟州人），文学上是古文运动的倡导者，他与柳宗元、苏轼、苏辙、苏洵、曾巩、欧阳修、王安石合称为唐宋八大家，并被尊为唐宋古文八大家之首，苏轼称其"文起八代之衰"，著有《韩昌黎集》40卷，《外集》10卷，《师说》等等。诗歌方面，唐朝著名诗人杜甫

（河南巩县），一生写诗数千首，世有"诗圣"之称。代表著作如"三吏"（《石壕吏》《新安吏》《潼关吏》）和"三别"（《新婚别》《无家别》《垂老别》），并有《杜工部集》传世。他是唐代最杰出的诗人之一，对后世影响深远。杨翰卿在《论中原文化及其精神》中说道："大诗人白居易，生于新郑，后迁至洛阳，直到逝世，葬于香山。人们常说唐代有三大诗人：李白、杜甫、白居易，其中中原占两位。人们又称唐代杰出诗人有三李：李白、李贺（河南宜阳人）、李商隐（河南沁阳人），其中中原有二李。"另外还有经学家、文字学家许慎（河南郾城人），是中国文字学的开拓者，有"字圣"之称，于东汉和帝永元十二年（100年）著《说文解字》。《说文解字》是我国第一部以六书理论系统分析字形的书籍，它保存了大部分先秦字体以及汉代和以前的不少文字训诂，反映了上古汉语词汇的面貌，比较系统地提出分析文字的理论，是我国语文学史上第一部分析字形、解说字义、辩识声读的字典，也是近2000年来唯一研究汉字的经典著作。

绘画方面有唐代的画圣吴道子、宋代的山水画家李唐等。吴道子（河南禹县人），生于唐高宗时代，绘画活动在玄宗开元、天宝年间（约7世纪末、8世纪前期）。曾从张旭、贺知章学习书法，又习绘画，师法张僧繇。因玄宗召他入宫，遂改名道玄为道子，所作人物、鬼神、鸟兽、台阁都冠绝一世，《天王送子图》是他的代表作。李唐，字晞古，河阳（今河南孟县）人。北宋徽宗时画院画家，与刘松年、马远、夏圭并称"南宋四大家"。擅长山水及人物故事画。《万壑松风图》是李唐70岁左右的手笔，反映了北宋时期的山水画面貌，还有《江山小景图》《长夏江寺图》《采薇图》《晋文公复国图》都是借古喻今的作品。

建筑方面，河南现存地上古代建筑品类繁多，包括石阙、寺庙、书院、民居、园林、石塔、牌坊、桥梁、石窟、陵园、石柱等。因涉及的种类繁多，在此不一一列举，以洛阳的龙门石窟、嵩山少林寺为例进行概述。龙门石窟凿于北魏孝文帝迁都洛阳（494年）之时，直至北宋，存佛像十万余尊，窟龛二千三百多个。龙门石窟位于河南省洛阳市南13公里处，这里是香山和龙门山两山对峙，伊河水从中穿流而过，远望犹如一座天然的门阙，所以古称"伊阙"。又因隋炀帝在洛阳建起了东都城，把皇宫的正门正对伊阙，从此，伊阙便被人们称为龙门。唐代大诗人白居易曾说："洛都四郊，山水之胜，龙门首焉。"它同甘肃的敦煌石窟、山西大同的云冈石窟并称中国古代佛教石窟艺术的三大宝库。据北京出版的《少林寺资料集》统计，少林寺全国共10座，其中真的7座：分别坐落于登封、太原、蓟州、长安、和林、洛阳和泉州；假的有3座，分别在福州、山东和台湾。当然最为著名且"功夫冠天下"的，还是位于河南登封嵩山且有康熙皇帝御笔书匾的少林寺。少林寺建筑规模宏大，从山门到千佛殿，共7进院落，总面积达3万平方米。南北朝时，天竺僧人菩提达摩到中国传法，得到北魏孝文帝礼遇。太和二十年（496年），敕就少室山为佛陀立寺，供给衣食。因寺处少室山林中，故名少林。据佛教传说，禅宗初祖菩提达摩于寺内面壁9年，传法慧可。此后少林禅法师承不绝，传播海内外。

二、中原文化的主要内容

中原文化博大精深，内容丰富，本书只是摘取几个主要的方面来概述：

（一）史前文化

中原的史前文化，可以追溯到 8000 年前的裴李岗文化。在新郑裴李岗遗址出土了数百件磨制石器和陶器；在舞阳贾湖遗址，出土了新石器时代的房址 53 座，窖穴 370 座、陶窑 13 座，以及灰坑、墓葬、瓮棺葬等，出土文物近 5000 件。这一发现，对我国来讲有着重要的意义，将我国的农业文明又提前了 1000 多年。以彩陶闻名于世的 7000 年前的仰韶文化，在窑场、墓地等方面反映了以女性为中心的特点，表明当时维系氏族团结的血缘纽带根深蒂固。以蛋壳陶闻名的 5000 年前的龙山文化时期，河南也发现了相当丰富的陶器动物浮雕及鼎、罐、壶等文化遗存。由此可以看出，史前文化在河南发现不只是少数、若干处的几件历史遗存，而是连续的、有规模的历史遗存。这些都充分表明河南在整个史前文明时期都处于领先地位，也足以说明中原大地是中华民族文明起步最早的地方之一。

（二）政治文化

历史上的中原大地是政权更迭频繁的舞台，发生了无以计数的重大政治事件和政治活动，形成了丰富的政治文化。黄帝是中国人民公认的先祖，开创了中华民族初始的政权制度，建立了国家治理的雏形。从禅让制到世袭制，完成了部落联盟向奴隶制国家的转变。从夏朝到宋代的 3000 多年间，河南一直是我国政治、经济和文化的中心，先后有 200 多位帝王建都或迁都于此，几度形成政治文明的巅峰与辉煌。中国八大古都中的开封、洛阳、安阳、郑州都是河南省的。中国自古"逐鹿中原""问鼎中原""得中原者得天下"等说法就是由此而来，可见中原在中国社会的重要地位。

（三）思想文化

中原思想文化是中华民族思想文化的核心，儒学的开山人物——孔子，祖籍是河南，讲学、游说的主要活动地域在中原。洛阳人程颢、程颐开创的宋代理学，又把儒学推向一个新的思想高峰，成为宋元明清以来居统治地位的主流意识形态。道家思想的老祖宗老子，是河南鹿邑人，《道德经》就是在河南写的。以"道"解释宇宙万物的演变，阐述了大量朴素辩证法观点，对我国 2000多年来思想文化的发展产生了深远的影响，在世界发行量仅次于《圣经》。法家思想的主要代表人物韩非子，也是河南人。他提出的以"法"为中心、"法、术、势"三者合一的统治思想，都受到了历代统治者的重视，在普通民众中也产生了巨大影响。除了以上学者外，还有谋圣姜太公、墨圣墨子、商圣范蠡、医圣张仲景、科圣张衡、字圣许慎、诗圣杜甫、画圣吴道子、律圣朱载堉等，他们不仅以其高尚的人格来感染着人们，而且还以自己丰富的知识创制了一大批经典著作，成为中华文化发展史上的不朽丰碑。总的来看，中原思想文化不仅传达着刚健有为、自强不息、中庸尚和的生活哲学，还隐含着"日新"的变革进取精神，体现了中华民族向往和平的精神境界。这些思想文化塑造了中华民族的基本文化形态和性格，丰富了中华民族精神宝库，并对世界文化产生了很大影响。

（四）名流文化

名流是一个以圣人为顶峰的特殊社会群体，但是名流与圣人有着本质的区别。圣人肯定是名流，但名流未必是圣人，名流的外延要远大于圣人。名流以其文化素养和文化创造影响着社会，形成一种社会文化效应和文化风尚。中原历史名人辈出。据统计，在二十四史中立传的历史人物 5700 余人，其中河南籍的历史名人为 912 人，占总数的 15.8%。唐代留名的 2000 多名作家，河南居两成。这些涵盖了思想家、哲学家、政治家、军事家、科学家、文学家等各个领域，对社会历史进程或者社会风尚的形成产生了重要影响。

（五）农耕文化

农业最早是在中原地区兴起来的。裴李岗文化有关遗存中出土了不少农业生产工具，为早期农耕文化的发展提供了实物证据，尤其是琢磨精制的石磨盘棒，成为我国所发现的最早的粮食加工工具。众所周知，三皇之首的伏羲，教人们"作网罟、正姓氏、制嫁娶、画八卦、造琴瑟"，开启了人类的渔猎经济时代；炎帝号称"神农氏"，教人们播种收获，开创了农业时代；大禹采用疏导的办法治水，推进了我国水利事业的发展；战国时期，由河南人郑国主持修建的"郑国渠"，极大地改善了关中地区的农业生产条件。随着民族的融合特别是中原人向全国各地的迁出，将先进的农业技术与理念传播到全国，促进了中国古代农业水平的提高。可以说，中国农业的起源及发展与河南有着密切的关系。

（六）商业文化

根据考古界、史学界的考察、甄别，学术界对于中国商业文化的起源在中原产生了共识。据史料记载：商代的王亥是第一个用牛车拉着货物到远地去做生意之人，因此被奉为商业鼻祖；第一个儒商是孔老夫子的高足——子贡，是河南浚县人，不仅能做官，而且善于经商致富；第一个热心公益事业而被后人称为商圣的范蠡，是南阳人，他帮助越王勾践灭吴之后，悄然引退，把才能用于经商；第一个爱国商人是新郑人弦高，在经商途中遇到了秦师入侵，以自己的 15 头牛为代价智退秦军。此外，中原还产生了中国商业的许多个第一。比如第一个由政府颁布的保护商人利益的法规《质誓》诞生于春秋时期的新郑，以"城门之征"为代表的最早的关税征收发生在春秋时期的商丘，第一个商业理论家是今商丘人计然，清代巩义的康百万家族更是写下了"富过十二代、历经四百年而不败"的商业神话。由此可见，中原商业文化在中华文化体系中占有重要的地位。

（七）宗教文化

楼宇烈在《中国文化中的儒释道》一文中进行概述："在其长期历史的发展过程中，不仅产生了众多的本土学派，也不断有外来文化的传入。这些不同的学派和文化，在矛盾冲突中相互吸收和融合，其中有的丰富了、发展了、壮大了，有的则被吸收了、改造了、消失了。大约从东晋开始至隋唐时期，中国文化逐渐确立了以儒家文化为主体，儒释道三家既各自独标旗帜、同时又合力互补以应用于社会的基本格局。"这种格局，一直延续到了 19 世纪末，历时 1600 年左右。其中"释"（即佛）和"道"都属于宗教文化，其繁荣发展都与河南息

息相关。道教作为中国土生土长的宗教信仰，是以"道"为最高信仰的中国传统宗教。创始人老子是河南鹿邑人。我国现存最早、规模最大的道教建筑群之一是河南登封中岳庙。据《道藏》记载，道教名山胜境有"十二大洞天""三十六小洞天"和"七十二福地"。河南境内的洞天福地有王屋山、嵩山、桐柏山和北邙山。著名的宫观有鹿邑太清观、浚县碧霞宫、洛阳上清宫、开封延庆观、南阳玄妙观、济源阳台宫等较大宫观。关于外来佛教与中原的关系，李邦儒（河南省宗教文化研究会秘书长、郑州大学新闻传播学院博士）说："印度佛教最先传入河南，使河南创造了许多中国佛教史上的第一。白马寺是佛教传入中国后的第一座寺院，为中国'释源'；光山净居寺是中国第一个佛教宗派——天台宗的发源地；少林寺是中国化的佛教——禅宗的祖庭；相国寺是推动佛教信仰大众化的净土宗祖庭，云门宗的大本营；风穴寺是流行最广的临济宗祖庭；安阳日光寺是律学三大宗派建宗最早的相部宗祖庭；宝丰香山是观世音菩萨的道场，为中国五大菩萨道场之一；登封永泰寺是中国历史上第一座尼僧寺院；卫辉香泉寺是中国第一个佛教慈善场所，专门收治麻风病的'疠人坊'，开中国佛教慈善、医疗之先河；洛阳、许昌、开封、安阳是四大佛经翻译中心，中国第一部汉文佛经——《四十二章经》在河南译出，佛教的其他经典，如禅经、阿吡昙经、初期菩萨乘、律戒、释迦牟尼佛传、大乘、小乘等经典，均在河南首

译。"据统计：在佛教传入中国的近 2000 年间，印度等国入河南的高僧多达 80 余人，中国僧人在河南地区活动的则有 100 余人，日本、朝鲜入河南求法者则有 20 余人。除了道教和佛教外，伊斯兰教也是中原宗教文化的重要组成部分，但它与佛教进入主流文化的本土化道路不同。伊斯兰教随着迁移流动的穆斯林传入中原，在适应中原社会文化环境的过程中传播、发展。由于信仰者主要是回族，中原伊斯兰教文化表现为伊斯兰教和回族文化'大体同构'的文化。它具有某些与中原文化相似的精神特质，即尊重传统、追求中和、具有包容性和开放性，同时不乏创新精神和创新能力。

（八）民俗文化

中原地区民俗文化斑斓多姿，集中体现在饮食、服饰、日常起居、生产活动、礼仪等各个方面。据史料记载：西周时期在中原形成的婚仪"六礼"，逐步演化为提亲、定礼、迎娶等固定婚俗，并延续至今。而与生产生活密切相关的春节、祭灶、吃饺子、拜年，正月十五闹元宵，三月祭祖扫墓，五月端午节插艾叶，七月七观星，八月中秋赏月，九月重阳登高等等，大多起源于中原，并通行全国。除此之外，聪明智慧的中原人民还创造了丰富多彩的民间生活和艺术品，如太昊陵庙会、洛阳花会、信阳茶叶节、马街书会、开封夜市等古代的民间节会至今不衰，开封的盘鼓和汴绣、朱仙镇木版年画、南阳玉雕、濮阳和周口的杂技等民间艺术享誉中外。在饮食方面，广东人在豆腐上挖个洞，填满肉馅，蒸熟后食用，其实就是客家人从中原带去的吃饺子风俗的变异。中原民俗的广泛影响可见一斑。

（九）饮食文化

众所周知，豫菜是中国八大名菜的母菜，是中国最古老的一种菜系。

豫菜始于夏、商，经过东周、东汉、魏、晋、南北朝的不断充实发展，到北宋时，已形成具有独特风味的重要菜系。据说 4000 多年前，夏启在禹县为诸侯设宴，史称"钧台之亭"，是我国最早的宴会。《礼记·王制》载："凡养老，有虞氏以燕礼，夏后氏以飨礼……""殷人以食礼……"，这是我国古老的宴会制度。文中的有虞氏在河南虞城县。殷纣王在安阳一带以酒为池，悬肉为林……为长夜之饮。这是历史上最早最大的宫廷嬉戏宴会。历史上有名的"周王八珍"对豫菜影响较大，经过历代厨师的继承和发展，内容不断丰富，技巧精益求精。

三、 中原文化的各个发展阶段

中原文化的内涵十分丰富，学者们根据自己的学术专长，多层次、多角度地对中原文化进行了研究探讨。从距今约有 8000 年的石器时代的裴李岗文化开始，包括随后的仰韶文化、龙山文化、二里头文化，这是史前文化，是中原文化的萌芽阶段。到夏、商、周时期，中原文化才进入自己文化的形成和发展阶段。从春秋战国到隋唐时期，中原文化已经达到了繁荣时期。到北宋时期，中原文化达到鼎盛时期。可是事物的发展往往都是在经历一个巅峰之后，必然会朝着反方向发展，这是个亘古不变的道理。随后异族的侵入、明清两代的迁都、文化中心的转移，使得当时中原地区的文化人已很难执文化界的牛耳，全国第一流的文化人很多已不是中原人士。

（一） 中原文化的萌芽阶段

裴李岗文化属于中国黄河中游地区的早期新石器文化，靳松安在《论自然环境对河洛地区史前文化发展的影响》中给裴李岗文化是这样定义的："主要是指在河南新郑裴李岗及其同类遗址发现的，以小口双耳壶、三足钵、筒形深腹罐、锯齿石镰、带足石磨盘、舌形石铲等基本器物组合为鲜明特征，分布于河洛地区的一种新石器时代文化遗存。"据李友谋在《裴李岗文化墓地初步考查》一文中记载："裴李岗文化时期的人类，正是处在这样一种环境之下的。他们已经摆脱了依靠自然产品为生的历史，而是运用自己的创造性劳动，谋取自己需要的生活资料，并不断丰富自己的生活内容，基本脱离了以渔猎、采集为主，转入从事农业生产，过着定居

的生活。"关于这类遗存的年代，学术界一般认为它是早于仰韶文化的。不过，对于它与河北武安磁山一类遗存的关系及其在文化定名问题上，却曾存在不同的看法。严文明在《黄河流域新石器时代早期文化的新发现》中的看法是：两者文化面貌相似应视为一种文化，或称之为"磁山文化"，或称之为"裴李岗文化"，或称之为"裴李岗文化"的"裴李岗类型"和"磁山类型"，还有的称之为"磁山·裴李岗文化"；李友谋、陈旭在《试论裴李岗文化》和安志敏在《裴李岗、磁山和仰韶———试论中原新石器文化渊源及发展》中都提到了第二种意见，他们的观点与前者相反，认为两者文化面貌差异较大，属于两个不同的文化，应分别命名为"裴李岗文化"和"磁山文化"。前面我们提到，裴李岗文化是以双耳壶、三足钵、深腹罐、钵四种器物最为典型的文化。其中双耳壶不仅出土数量多，而且种类复杂，有竖耳、横耳、三足、圈足、假圈足等多种形制，是裴李岗文化最有代表性的器类。三足钵与深腹罐也是裴李岗文化具代表性的器类之一，出土数量也比较多，种类也较丰富。钵是裴李岗文化的基本器类之一，出土数量较多，分圆底和平底两大类。

仰韶文化，是黄河流域影响最大的一种原始文化，它纵横2000里，绵延数千年，在世界范围内来说，也是首屈一指的。孟祥柱在《浅谈仰韶文化》一文中概述了仰韶文化："仰韶文化是黄河中游地区重要的新石器时代文化。它的持续时间大约在公元前5000年至3000年。仰韶文化的名称来源于其第一个发掘地——河南省三门峡市渑池仰韶村。仰韶文化主要分布于黄河中下游一带，以陕西渭河流域、山西西南和河南西部的狭长地带为中心，东至河北中部，南达汉水中上游，西及甘肃洮河流域，北抵内蒙古河套地区。"作为随着物质文化发展，精神文化亦相应地得到发展的仰韶文化，已经与前者大为不同。它的主要文化特征归纳如下：

第一，彩陶是仰韶文化的最明显特征，故仰韶文化又称彩陶文化，可见彩陶的重要性。与前代相比，仰韶文化的陶器出现了很大的变化。从选料上说，以细泥红陶、夹砂红陶为主，还有少量的橙黄陶、灰陶以及褐陶。饮食器多为细泥红陶，其中不少是彩陶，罐、缸、瓮等炊器和盛储器则以夹砂红陶为主。从器形上看，仰韶文化的陶器以平底为主，少量为尖底，偶见圆底，这是陶器形制的重大改变，平底陶器终于基本取代了圆底器，在史前文化上首次成为主流器形。常见器物有敛口平底钵、曲腹彩陶盆、多孔盆形或钵形甑、双唇口尖底瓶、大口小底缸、曲腹瓮等，器类较前复杂，大型器物增多。从陶窑来讲，分为竖穴窑和横穴窑，由火塘和窑室两部分构成，火塘是添柴生火之处，呈圆形或长方形。窑室均呈圆形，周边设环形火道，受热较匀。由于有了窑室，陶器不是直接在火焰上烧烤，较原始的篝火式或炉灶式有了很大的进步。从陶器纹饰讲，彩绘出现在仰韶文化中，这在陶器史上是一个巨大的进步。在仰韶文化的陶器中，有不少施有彩绘花纹，主要颜色为黑色，亦有红色、白色和棕色。

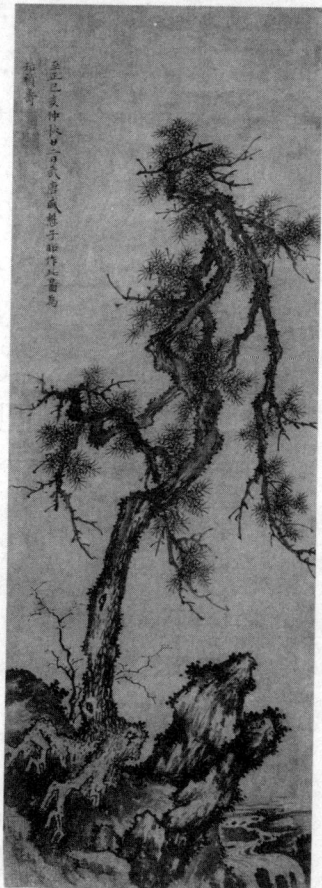

主要有人面花纹、动物花纹、植物花纹和几何形花纹四大类。人面花纹是用简单的笔画，画出人的面部形象，通常是圆圆的脸盘，头上戴有"非"字形的装饰物，以横线和竖线勾画出眼、耳、口、鼻，有的嘴角边各含一条小鱼，有的两耳边亦画有一条小鱼，有的头上画有三角形发髻。最有代表性的是人面鱼纹彩陶盆，这件人面鱼纹彩陶盆是新石器时代陶器珍品，高 16 厘米、口径 38 厘米。口沿绘线条图案纹，里壁绘人面纹和鱼纹，人面接近图案化，但人面的基本形象仍保存着。人面和鱼纹都为黑彩，它既代表了当时绘画艺术的水平，也体现出当时人们的一种意识形态。动物花纹主要有鱼纹、鹿纹、鸟纹和蛙纹，其中鱼纹有写实性和图案化形象两种。在古代中国，鱼一直被奉为吉祥之物，《史记·周本纪》上说周有鸟、鱼之瑞。又《太平御览》卷九百三十五引《风俗通》曰："伯鱼之生，适用孔子鱼者，嘉以为瑞，故名鲤，字伯鱼。"同时，鱼具有生殖繁盛、多子多孙的祝福含义，这与古人祈求子孙

绵延的意愿十分吻合。鹿纹、鸟纹、蛙纹均为简单的笔画，勾画出其形象。植物花纹最主要的是用圆点、勾叶和弧线三角组成的花瓣图案，花纹繁缛，并且多有白色陶衣衬底，比较美观。除了人物、动植物纹以外，几何形花纹是陶器上最普遍的花纹，主要有宽带、三角、斜线、波折等各种不同的花纹，变化复杂多样。在仰韶文化的彩绘作品中，河南临汝阎村遗址出土的一件陶缸上所绘的《鹳鱼石斧图》，属于庙底沟类型的彩陶。陶缸高 47 厘米，图案多绘于外壁的上半部分，纹样多是曲直相结合，图像简洁明了，画面由一鸟、一鱼和一石斧构成。其中鹳鸟肥胖健壮，眼睛炯炯有神，嘴叼一条大鱼，石斧也是经过装饰的，无疑是古代权力的象征。这幅画构图新颖，是仰韶文化彩绘图案中仅见的一幅画面最大的作品。这时期的陶器质量高、胎质坚硬、火候高，器物种类繁多，而且制作工艺水平都属于高器物精美的类型。

第二，仰韶文化时期多为竖穴式房屋。依据竖穴的深浅程度，又可分为深穴式和浅穴式两种形式。深穴式房屋深度一般大于成年人身高，多在 1.5 米以上。此种房屋具有冬暖夏凉的优点，但通风性、防潮性较差而不适宜多雨的气候，且有居住面积小、出入不便等缺点。浅穴式房屋深度在 1.5 米左右，大多数在 1 米以上。一般在房屋的一面开有斜坡门道，并筑有防止雨水流入的门栏，多为小型，也有中型和大型者。与裴李岗文化时期的房屋相比，此时的人民已在穴壁立柱，这样使室内空间增大，采光也好，比早期房屋有所进步。随着人民认识世界、改造世界能力的增强，少数房屋还采用了防潮性能好的"料姜石"加工居住面。房屋也不再是单一的面积，可分为大、中、小型。大型房址面积近 70 平方米，中型房址面积在 25 平方米至 50 平方米之间，小型房址面积大多在 15 平方米至 20 平方米之间。作为以农业为主的仰韶文化，其村落或大或小，但是每个村落都有中心广场，周围有分组的建筑，每组建筑都包括一座供氏族成员集会的大房子和环绕着它的若干小房屋，这是当时对偶家庭的住宅。房屋的墙壁是泥做的，有用草混在里面的，也有用木头做骨架的。墙的外部多被裹草后点燃烧过，来加强其坚固度和耐水性。选址一般也比较考究，在河流两岸经长期侵蚀而形成的阶地上，或在两河汇流处较高而平坦的地方，这里土地肥美，有利于农业、畜牧，取水和交通也很方便。当时村落的房屋有一定的布局，墓地和窑场都被建在村落之外。仰韶文化居民死后按一定的葬俗埋葬，多长方形土坑墓，墓中有陶器等随葬品，小孩实行瓮棺葬。盛行单人仰身的直肢葬，但合葬墓占一定比例。合葬的人数不等，多的达80人。河南省文物考古研究所在《汝州洪山庙》一文中提到："在河南汝州洪山庙遗址发现的大型合葬墓，内埋瓮棺136个都是专门烧制的大口缸。"由此看来，烧制瓮棺已成为制陶的重要部分。葬制中实行女性厚葬和母子合葬，反映了以女性为中心的特点，表明当时维系氏族团结的血缘纽带根深蒂固。这些与母系氏族社会组织的特征是相吻合的。《中国美术简史》中提到："1987年在河南濮阳西水坡仰韶文化早期遗址的一座墓葬（45号墓，距今约6000年）中，在男性墓主身旁首次出土了用蚌壳摆塑的龙、虎形象，作为墓主权威的象征，这是中国墓室装饰的开端。其中龙长178厘米，形体特征已与后世的龙相近，体态修长，曲颈昂首，有前、后肢，足趾有利爪，是我国目前所知年代最早、造型最大的龙图形，被誉为'中华第一龙'。"

第三，较其他类型的器物，仰韶文化的石器、骨器无论从形态还是技术上讲，都有很大的进步，加工较为精细，磨制石器的方法由早前单纯的打制，变为先将石料打制成某种用途的器形、然后再在砺石上磨制加工成器。钻孔技术也日趋完善，由近背部向中部转移。这种方法制成的石器，器形规整，表面光滑，刃部更为锋利。发达的石器磨制技术促进了石制装饰品的发展，在仰韶文化的晚期，有大量的石环、石珠和石坠，选料和加工都比较考究。与前代相比，此时的骨器种类、数量与早期相比有较明显减少，但这不能说明骨器已经淡出人民的视野，只能表明狩猎在经济生活中地位下降。雕塑品也是仰韶文化中不可缺少的。仰韶文化遗址出土的大量陶质

生活器皿，本身就是很好的陶塑品，其形制和式样，既实用又美观。有的陶器形制别致，如郑州大河村出土的一件仰韶双连壶，既是日常生活中的实用品，又是颇具美感的观赏品。

龙山文化泛指新石器时代晚期中国黄河中、下游地区的一类文化遗存。因其陶器以黑陶和蛋壳黑陶为主，所以最初称为"黑陶文化"，不久即被命名为龙山文化。但其文化系统和来源并不单一，学者们在研究过程中，根据几个地区不同的文化面貌，分别给予文化名称加以区别。一般的分法是：第一、庙底沟二期文化，主要分布在豫西地区。由仰韶文化发展而来，属于中原地区早期阶段的龙山文化。第二、河南龙山文化，主要分布在豫西、豫北和豫东一带。上承庙底沟二期文化或相当这个时期的遗存，发展为中原地区中国文明初期的青铜文化。一般还分为王湾三期、后冈二期和造律台 三个类型。第三、陕西龙山文化，或称客省庄二期文化。主要分布在陕西泾、渭流域。第四、龙山文化陶寺类型，以新发现的山西襄汾陶寺遗址为代表，主要分布在晋西南地区。在龙山文化中，陶器是它与其他文化有典型区别的重要特征，而诸多的陶器中，最有代表性的是蛋壳陶高柄杯、弩、鼎这三种器物。不仅在与同时代的文化相区别时，这三种器物具有非同一般的意义，而且其中的后两种器物，在区别龙山文化的内部差异中，它们也具有特殊的作用。所谓"蛋壳陶"，是一种制作精致、造型小巧、外表漆黑黝亮、陶胎薄如鸡蛋壳的高柄杯，它仅为龙山文化所见。"并非所有薄胎陶器皆为蛋壳陶"，专家结论是有一定根据的，因为高柄杯非常具有代表性，高度在25厘米以下，高柄杯重量一般不超过70克。这对于古代人民纯手工制作来讲，是非常有难度的。再加上蛋壳陶上精美的纹饰，其竹节纹的制作水平堪称空前绝后。它对商周以后青铜器的制作产生了很大的影响，许多器形复杂的青铜器都采用竹节纹作为装饰，与蛋壳陶的竹节纹完全吻合。据李伊萍在《考古学文化的层次划分——以龙山文化为例》中说道："在龙山文化三种典型陶器群中，鼎是这三种陶器中数量最多的器物，数量上超过它的多为器盖、小罐等体形较小、形式较简单的非典型器物。鼎不仅数量多，其形制也最为复杂，不同遗址出土的鼎形态差异往往很大，其中有些形式的鼎有明显的分布规律。"其中可以分为以下几种类型：罐形鼎、双腹盆形鼎、盆形鼎、单耳罐形鼎以及盒形鼎。其中罐形鼎是鼎类陶器中数量最多的，也是分区中最有意义的一种类型，它的分区意义在龙山文化的几个地方类型中都有所体现。如：胶莱河以西的平原地区、姚官庄地区、鲁家口地区、三里河等地区。

虽然每个遗址都有几种甚至十几种形式不同的鼎，但这些鼎在数量上存在很大差别，每个遗址都有一种鼎是数量最多的，作为主要代表的。因此，它就应该是该遗址最具典型意义的陶器。

（二）中原文化的形成和发展阶段

中国历史上的三个奴隶制度王朝，创造了人类的种种奇迹。文字的产生，使文化的传播与继承有了强有力的武器。文化的兴起，促进了农、工商业的发展和政权的完整化，社会秩序也得以安定下来。禹、汤、文、武、周公，都是中原文化的奠基人或倡导者，故能得到孔子的高度赞颂与仰慕，尊为"先王"。他们对中原文化乃至中国文化的功绩是永世长存的。本段以夏、商代文化为例来具体阐述此时的中原文化。

夏代的二里头文化，最初发现于河南省登封县的玉村，一度曾称之为"洛达庙类型"文化。后来，由于该文化的内涵在河南偃师二里头有更为丰富和典型的发现，因此，学术界就正式定名为"二里头文化"。关于它的主要来源，考古学界的意见基本一致，吴汝祚的《关于夏文化及其来源的初步探索》、李仰松的《从河南龙山文化的几个类型谈夏文化的若干问题》、严文明的《龙山文化与龙山时代》、赵芝荃的《关于二里

头文化类型与分期的问题》，《中国考古学研究——夏鼐先生考古五十年纪念文集》、郑杰祥的《夏史初探》均认为河南龙山文化是二里头文化的主要来源。更具体地说，是将分布于豫西地区的"王湾三期文化"或"煤山类型"作为二里头文化的主要来源。王讯在《二里头文化与中国古代文明》一文中进一步阐述了论据："从王湾三期或煤山类型和二里头文化早期的大部分文化内涵特征来看，这个结论无疑是正确的。王湾三期或煤山类型与二里头文化早期的相同文化因素甚多，相同或相似的遗迹现象有：夯土建筑、连间排房式建筑、袋形灰坑、灰坑葬等；相近的生产工具有石铲、石斧、石刀、石镰等；相似的大量陶器中最常见的有中口夹砂罐、鼎、甑、浅腹平底盆、豆、瓦足皿、瓮、鼓腹鸡冠耳盆以及刻槽盆、觚形杯、器盖等；陶器的纹饰都有篮纹、方格纹、绳纹。此外，炼铜技术、琢玉技术、卜骨等也是煤山类型和二里头文化共有的文化内容。"但是学术界一直对于二里头文化属于夏代存在质疑。1978 年，北京大学邹衡教授经过多年研究，在《文物》发表了《郑州商城即汤都毫说》（1978 年 2 期）上一文，该文提出了"郑州商城应即商汤所都毫邑"的新说，从而为论证"二里头文化为夏文化"打下了坚实的基础。夏王朝最后被商王朝所取代，在历史上大约存在了 400 多年的时间，根据古本《竹书纪年》所说："自禹至桀十七世，有王与无王，用岁 471 年。"根据近代史学家陈梦家在《殷墟卜辞综述年代》的考证，夏王朝的存在年代大约在公元前 21 世纪至公元前 17 世纪之间。参考碳十四的测定，二里头文化一期的绝对年代（经过树轮校正）为公元前 2010 年，二里头文化四期的绝对年代（经过树轮校正）为公元前 1625 年。这两个数据的出现，与文献记载的夏王朝的存在年代基本符合，证实了二里头文化为夏文化。此时期文化与前代相比，最主要的特征是青铜器，二里头文化的青铜容器是目前所知中国最早的青铜容器，主要包括工具、兵器、礼器、乐器和装饰品。生产工具有刀、锛、凿、锥、鱼钩等，兵器有戈、戚、镞，礼器有觚、爵、斝、鸡彝、瓦足皿种。爵和斝的胎质都很薄，多无花纹，或有简单的乳钉纹，反映了早期青铜器的特点。爵是古代的饮酒器，也是古代人身份地位的象征物品。爵的数量较多，前有流、后有尾，束腰、平底、椎足，此为各时期爵的共同特点。斝为素面敞口，口沿上有两个三棱锥状矮柱，单把，束腰平底，三条腿下呈三棱锥状，上部微显四棱。如邹衡在《试论夏文化》一文中指出"觚、爵、鸡彝、瓦足皿等四器""大都来自东方，或者同东方有着密切的关系。此四器是夏文化中最主要的礼器，它们的存在，应该体现了夏朝的部分礼制""夏礼可能是继承虞礼而来的"。乐器有单翼小铃。装饰品有兽面铜牌，其中有一件用200多块绿松石镶嵌而成，具有较高的工艺水平，一向为中外研究者所重视。

商代是奴隶制的发展时期，文献记载，汤灭夏后曾五次迁都，而都城所在，至今仍然无法确实，众说纷纭。因此，商代城址的调查发掘，在考古学上就具有十分重要的意义。现在，对商代城址的考古，已经获得确认的有郑州商城、偃师尸乡沟商城、安阳殷墟、洹北商城以及湖北黄陂县盘龙城等。商代文化可分为两大期：武丁以前为早商文化即二里冈期文化，武丁至帝辛时期为晚商文化即小屯文化。目前，学者们在研究中还发现二里冈期商文化遗存与殷墟一期文化之间尚有缺环，于是又有中商文化的说法，此时期的具体归属，尚在讨论中。作为奴隶制的第二个王朝，商朝的各个行业发展都比较快，尤其是手工业，所以这一时期的青铜器不仅蕴藏着深刻的宗教与政治意义，而且冶炼与制造都相当成熟。纵观商代的青铜器，造型以庄重、威严、厚重、古朴为主要特征。青铜器以礼器为重，故常见的种类主要是食器和酒器，如鼎、卣、鬲、斝、簋、爵、樽等种类，常用的纹饰有动物纹样（饕餮纹、夔纹、龙纹、鸟纹、象纹、牛纹等）、几何纹样（圈带纹、串珠纹、三角云纹、窃曲纹）和自然物象纹（云雷纹、涡纹和水波纹）。青铜鼎的前身是原始社会的陶鼎，本来是日用的饮食容器，后来发展成祭祀

天帝和祖先的"神器"，并被笼罩上一层神秘而威严的色彩。在奴隶制鼎盛时代，它被用作"别上下，明贵贱"，是一种标明身份等级的重要礼器。文献记载"天子九鼎，诸侯七鼎，大夫五鼎，元士三鼎或一鼎"，又载"铸九鼎，像九州"，又有成语一言九鼎、问鼎中原、三足鼎立等。此外，鼎也是国家政权的象征，《左传》有载："桀有昏德，鼎迁于商；商纣暴虐，鼎迁于周。"鼎大多为三足圆形，但也有四足的方鼎，著名的司母戊鼎就是四足方鼎。商朝历经600多年，在经济、政治、文化、科技等方面，都具有辉煌的成就，这里列举一二。其一，商代早中期建都于郑州，地处中原腹地，偎依在黄河南岸、崇山峻岭之东，与七朝古都开封和九朝古都洛阳东西相临，是我国第八大古都。东南面向黄淮平原，为全国重要的交通、通讯枢纽，是新亚欧大陆桥上的重要城市。根据历史文献记载：郑州曾为夏、商都城之一，为管、郑、韩等藩国的首府，为隋、唐、五代、宋、金、元、明、清八代的州。

其二，甲骨文。甲骨文又称契文、龟甲文、龟甲兽骨文、甲骨刻辞、卜辞、龟版文、殷墟文字，是中华民族最早的文字，代表着汉文字最早的历史阶段。从开始发现安阳殷墟的甲骨文以来，据悉甲骨文使用的单字共有4500个左右。从已识别的约1500个单字来看，它已具备了"象形、会意、形声、指事、转注、假借"的造字方法，展现了中国文字的独特魅力。

（三）中原文化的繁荣阶段

从奴隶制度开始瓦解的春秋战国到封建文化鼎盛发展的隋唐文化，中原地区始终是文化的中心，此阶段创造的文化，特别是唐前期，在世界文化发展史上，占有相当重要的地位。隋唐时期国家的大统一，从唐太宗的"贞观之治"到玄宗的"开元盛世"，封建经济高度发展，政治相对稳定的时间也较长，为文化的繁荣奠定了坚实的基础。

隋唐是中原文化的第一个繁荣时期，当时文化界的代表人物有：孔颖达，冀州衡水（今属河北）人；魏徵，馆陶（今属河北）人；颜师古，京兆万年（今陕西西安西北）人；陈子昂，梓州射洪（今属四川）人；刘知几，彭城（今江苏徐州）人；李白，祖籍陇西成纪（今甘肃秦安人），生长在绵州彰明（今四川江油）；杜甫，原籍襄阳（今属湖北），生于巩县（今属河南）；韩愈，河阳（今河南孟县）人。白居易，原籍下邦（今陕西渭南）人，生于新郑（今属河南）；李商隐，怀州河内（今河南沁阳）人；僧一行，魏州昌乐（今河南南乐）人；孙思邈，京兆华原（今陕西耀县）人。以上列举都是中原地区或靠近中原地区的人，表明了隋唐时期中原文化的繁荣。当然，隋唐时期中原地区以外的著名文人也不少，如陆德明，吴郡吴县（今属江苏）人；欧阳询，潭州临湘（今属湖南长沙）人；姚思廉，吴兴武康（今浙江德清）人；虞世南，越州余姚（今属浙江）人；卢照邻，幽州范阳（今北京）人；骆宾王，婺州义乌（今属浙江）人；贺知章，会稽（今浙江绍兴）人；张九龄，韶州曲江（今属广东）人；张志和，婺州（今浙江金华）人；孟郊，吴兴武康（今浙江德清）人；李绅，无锡（今属江苏）人；陆龟蒙，长洲（今江苏苏州）人。这些人中今江苏、浙江人占大多数，尚有湖南人、广东人等。由此可见，隋唐时期，中原文化虽然仍很繁荣，但是东南沿海江浙一带的地方文化也已高度发展起来。

在其他方面，隋唐时期也表现出很大的进步。以建筑为例，隋唐是我国古代建筑的成熟时期，其重要标志就是唐朝扩建的长安城和隋朝设计的赵州桥。第一，唐都长安城不仅是国内政治、经济、文化的中心，在中外文化交流中也起着非常大的作用。隋朝统一后，汉长安城已经不能满足新朝代的需要，于是隋文帝令建筑师宇文恺在汉长安城东南重建一座规模宏大的新城，取名为"大兴城"。在此基础上，唐朝将其进一步扩展，使它成为当时世界上最宏大繁荣的城市。现在

的日本奈良和京都在设计、建造等方面都受古代长安城的影响。第二，我国古代桥梁建筑中的瑰宝——赵州桥（又称安济桥），是世界上现存最古老的石拱桥，建于隋代大业年间（605—616 年）。赵州桥的设计和建造技术，标志着我国桥梁建筑的成熟。在距今 1300 多年的历史中，它经历了多次自然灾害的考验，承受了无数次车辆、人畜的反复重压，至今安然横跨在洨河之上。它是世界上最早出现的敞肩拱桥，由五拱构成。中间的大拱跨度 37.45 米，两端各有两个小拱，既可减轻大拱及桥基的负载，又可分洪和节省建筑材料，同时对石桥本身也增添了美观、玲珑和生动的姿态。这种设计既能减轻桥身重量，又利于水流量大时排洪；桥的大拱跨度大，桥面平缓，又有利于车马行人，这种技术和造型都在古代堪称一绝，被誉为"奇巧固护，甲于天下"。宋人杜德源有诗赞颂安济桥"驾石飞梁尽一虹，苍龙惊蛰背磨空"；元代刘百熙有诗赞"水从碧玉环中过，人在苍龙背上行"；明代诗人祝万祉赞美安济桥"百尺高虹横水面，一弯新月出云霄"，实不过誉。近代著名古建筑学家梁思成说："赵州桥的结构所取的方式，对于工程力学方面竟有非常的了解，及极经济极聪明的控制。……真可惊异地表现出一种极近代化的进步的工程精神。"1991 年美国土木工程师学会将赵州桥遴选为"国际土木工程历史古迹"。在欧洲，"敞肩拱"造型的桥梁直到 14 世纪才在法国出现，比赵州桥晚了 7 个世纪。

（四）中原文化的鼎盛阶段

我们常说汉唐盛世，又说宋代是积贫积弱。但从文化的角度上说，可以说宋代是超越前代的。宋代的文化又以中原文化为代表，从以下几个方面可以体现此时代文化的杰出性：

第一，中原的宋代历史文化遗迹多。

1. 包公祠，众所周知，包拯是我国宋代著名清官、政治改革家。包公祠是后人为了纪念这位清官而建。它坐落在七朝古都开封城内包公湖西畔，占地 1 公顷多，是一组典型的仿宋风格的古典建筑群。高 3 米多、重达 2.5 吨的包公铜像立于大殿内格外引人注目：包公蟒袍冠带，正襟端坐，一手扶持，一手握拳，仿佛要拍案而起，一身的浩然正气，是集历史、思想、艺术于一体的包公写照。二殿展有包公的出仕明志诗、开封府题名记碑、包公家训、包公书法手迹、墓志铭等。开封府题名记碑上刻有北宋开国以来 148 年中 183 任开封府尹的姓名和上任年月（可谓京官的花名册）。东西展殿则以图文并茂的形式来展示包公的传说逸闻。这位中国历史上的清官，他的故事在中国可谓妇孺皆知。东殿将最出名的《铡美案》制成真人大小的群组蜡像供人们观赏，生动描述了这位清官是怎样的不畏强权，执法如山。

2. 大相国寺，位于著名文化历史名城、七朝古都开封的市中心，建于北齐天保六年（555 年），至北宋时期达到空前的鼎盛，管辖 64 禅、律院，因受帝王崇奉，地位如日中天，是我国历史上第一座"为国开堂"的"皇家寺院"。宋代，每逢海外僧侣来华，皇帝多诏令大相国寺接待；四方使节抵汴，必定入寺巡礼观光。宋神宗时，日僧成寻曾率弟子前来巡拜。日本佛教界出于对大相国寺的钦慕，在京都也设立了相国寺，秉承中土佛教之风，将禅寺中高等级者列为"五山十刹"。大相国寺历史上可谓高僧辈出，名士荟萃，建筑宏伟，寺藏丰富。唐代画家吴道子，以及著名文豪和思想家苏轼、王安石等，都曾在该寺留有辉煌足迹。《水浒传》"鲁智深倒拔垂杨柳"的故事，更是家喻户晓。另外，寺院"资圣熏风""相国钟声"之景观，也名列"汴京八景"之中，名闻遐迩。

3. 宋都御街，据史记载：北宋的东京城富丽堂皇，其中最重要的一条街道就是御街了。御街是东京城南北中轴线上的一条通关大道，它从皇宫宣德门起，向南经过里城朱雀门，直

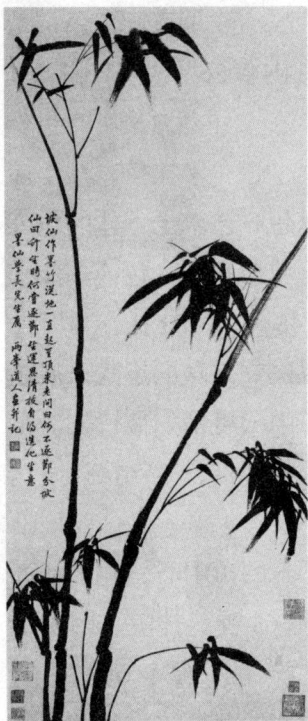

到外城南熏门止，长达 10 余里。是皇帝祭祖、举行南郊大礼和出宫游幸往返经过的主要道路，所以称其为"御街"，也称御路，天街或者宋端礼街。据孟元老的《东京梦华录》记载，御街宽约 200 米，分为三部分：中间为御道，是皇家专用的道路，行人不得进入；两边挖有河沟，内种满了荷花，两岸种桃、李、梨、杏和椰树；在两条河沟以外的东西两侧都是御廊，是平民活动的区域，临街开店铺，老百姓买卖于其间，热闹非凡。每逢皇帝出游，老百姓聚在两边，争相观看皇家的尊严和气派。

4. 铁塔，建于北宋 1049 年，位于河南省开封城内东北隅铁塔公园内。该塔因当年建筑在开宝寺内，称开"宝寺塔"；又因塔全部用褐色琉璃砖砌成，远看近似铁色，故人们又称"铁塔"。它以精湛绝妙的建筑艺术和雄伟秀丽的修长身姿而驰名中外，被人们誉为"天下第一塔"。铁塔的前身是一座木塔，系中国北宋时期著名建筑学家喻浩为供奉佛祖释迦牟尼佛舍利而建造的。据说他经过 8 年的构思设计和建造，终于在端拱二年（989 年）把这座塔建成。初建成的塔向北倾斜，有人问他缘由，他说京师地平无山，又多西北风，离此地不远又有大河流过，用不到 100 年的时间，塔受风力作用和河水浸岸的影响，自然就会直过来了，并预言此铁塔可存 700 年不会倒塌。可惜这个木塔在宋仁宗庆历四年（1044 年）夏天被雷火所焚，仅存 50 多年。后来，宋仁宗下诏在距此不远的夷山上，仿照木塔的式样，建造了我们今天所看到的这座铁色琉璃砖塔。铁塔现高 56.88 米，为八角十三层，是国内现在琉璃塔中最高大的一座。它完全用了中国木质结构的形式，令人惊奇的是塔为仿木砖质结构，但塔砖如同斧凿的木料一样，个个有榫有眼，有沟有槽，垒砌起来严密合缝。据统计，塔的外部采用经过精密设计的 28 种标准砖型加工合成。塔内有砖砌蹬道 168 级，绕塔心柱盘旋而上，游人可沿此道扶壁而上，直达塔顶。登上塔顶极目远望，可见大地如茵，黄河似带，游人至此，顿觉飘然如在天外。铁塔建成近千年，历尽沧桑，仅史料有记载的就遭地震 38 次、冰雹 10 次，风灾 19 次，水患 6 次。尤其是 1938 年日军曾用飞机、大炮进行轰炸，但铁塔仍巍然屹立，坚固异常。

5. 清明上河园，位于河南省开封城西北隅，东与龙亭风景区毗邻，占地面积 510 亩。是以宋代张择端的名画《清明上河图》为蓝本，集中再现原图风物景观的大型宋代民俗风情游乐园。主要建筑有城门楼、虹桥、街景、店铺、河道、码头、船坊等。园区按《清明上河图》的原始布局，集中展现宋代诸如酒楼、茶肆、当铺、汴绣、官瓷、年画等现场制作；荟集民间游艺、杂耍、盘鼓表演；神课算命、博彩、斗鸡、斗狗等京都风情。

6. 皇陵，位于今天的巩义市西南，南依嵩山，北傍伊洛，陵区范围南北宽12 公里，东西长 13 公里。北宋九朝皇帝，除了宋徽宗、宋钦宗二帝被金人掳去囚死漠北外，其余七帝都埋葬在这里，再加上赵匡胤的父亲（被追封为宣祖）的陵墓，统称为"七帝八陵"。还有 21 座皇后陵和许多宗室子孙的墓葬，形成了一个庞大的皇室陵墓群。还有洛阳的范仲淹墓、邵雍墓祠邵雍故里、程颢程颐墓，等等。这些都是中原河南的历史文化资源，这些遗址记载着宋都开封的历史。

第二，中原宋代的学术理论文化造诣深。

宋代的学术理论文化，可以说是中国学术理论文化史上的又一座里程碑。先秦有易学、诸子学，汉唐有汉学，宋明有理学。宋明理学又称为新儒学。宋代新儒学的主要代表：

程颢（1032—1085 年），字伯淳，人称明道先生，河南府（今河南洛阳）人，宋代理学家、教育家。《宋史》本传称："慨然有求道之志。泛滥于诸家，出入于老、释者几十年，返求诸'六经'而后得之。"与弟程颐开创"洛学"，奠定了理学基础。在教育上，潜心教育研究，论著颇巨，形成一套教育思想体系。程颢认为教育之目的乃在于培养圣人，"君子之学，必至圣人而后已。不至圣人而自已者，皆弃也。孝者所当孝，弟者所当弟，自是而推之，是亦圣人而已矣"。总之，教育必以儒家

经典为教材，以儒家伦理为教育之基本内容。同其理学思想一样，程颢的教育思想对后世影响深远。

程颐（1033—1107年），字正叔，人称伊川先生，北宋洛阳人，为程颢之胞弟。与其兄程颢不但学术思想相同，而且教育思想基本一致，合称"二程"。他同程颢一样，主张教育目的在于培养圣人，"圣人之志，只欲老者安之，朋友信之，少者怀之"，圣人以天地为心，"一切涵容复载，但处之有道"，因此，教育必须以培养圣人为职志。在教育内容上，主张以伦理道德为其根本，"学者须先识仁。仁者蔼然与物同体，义、智、信，皆仁也"。《宋史》称他"学本于诚，以《大学》《论语》《孟子》《中庸》为指南，而达于'六经'"。

邵雍（1011—1077年），字尧夫，谥号康节，生于河北范阳。北宋哲学家。邵雍，虽然不像三国的诸葛孔明那样家喻户晓，但是，无论从才干和品德来讲，他都不亚于诸葛亮。只不过，因为长期隐居，名字不被后人知道而已。宋朝理学鼻祖之一的程颢曾在与邵雍切磋之后赞叹道："尧夫，内圣外王之学也！"当时有高人李挺之，见其好学不倦，就传授了他《河图》《洛书》《伏羲八卦》等易学秘奥。以邵雍的聪颖才智，他融会贯通、妙悟自得，终于成为一代易学大师，闻名遐迩的鸿儒。《宋史》记载道：他对于"远而古今世变，微而走飞草木之性情"都能"深造曲畅，通达不惑"，而且"智虑绝人，遇事能前知"。北宋理学的另一位始祖程颐说他："其心虚明，自能知之。"于是，他著书立说，撰写了《皇极经世》和《观物内外篇》等著作共10余万言。他认为历史是按照定数演化的，他以他的先天易数、用元、会、运、世等概念来推算天地的演化和历史的循环。对后世易学影响很大的《铁板神数》和《梅花心易》都是出于邵雍，后人也尊称他为"邵子"。朱熹（1130-1202年），字元晦，后改仲晦，号晦庵。朱熹自幼勤奋好学，立志要做圣人。李侗曾赞扬他："颖悟绝人，力行可畏，其所诧难，体人切至，自是从游累年，精思实体，而学之所造亦深矣。"并说朱熹"进学甚力，乐善畏义，吾党罕有"。朱熹一生从事理学研究，继承了北宋程颢、程颐的理学，认为理是世界的本质，"理在先，气在后"，提出"存天理，灭人欲"，是宋代理学的集大成者。直到今天，人们仍然称为"程朱理学"，完成了客观唯心主义的体系。朱熹既是我国历史上著名的思想家，又是一位著名的教育家。他一生热心于教育事业，孜孜不倦地授徒讲学，无论在教育思想或教育实践上，都取得了重大的成就。

第三，中原宋代教育的发达。

宋代有四大书院，河南占两个。应天府书院，又称睢阳书院，前身南都学舍，原址位于河南省商丘县城南，由五代后晋杨悫所创，并列中国四大书院之一。应天府书院提供免费教育，学生多为贫寒好学之士，形成刻苦严谨的学风。早年书院伙食不善，范仲淹求学时就有"五年未尝解衣就枕"和"食不给，至以糜粥继之"之说。应天府书院被纳入地方官学管理后，宋初政府通过赐书、赐匾额、赐学田等加强对书院的控制，但在教育方针和教学方法上，书院仍有保留私学教育的特点。宋仁宗天圣年间，文学家晏殊任应天知府时，曾为书院聘请名师任教，书院规模得以进一步发展；1027年，范仲淹在应天府时，亦于此地任教，四方学子纷纷慕名就学，其治学精神和忧国忧民的言行誉满全国，书院在全国声望空前，一时"人乐名教，复邹鲁之盛"，俨然为中州一大学府。

第四，中原宋代的科技文化成就斐然。

中国古代四大发明，其中有三项是在宋代发明或者是在宋代完成的，即活字印刷术、火药、指南针。由于中原是宋代的政治、文化中心，这些发明和应用，对中原的影响是可以想见的。

第五，艺术文化卓著。

《清明上河图》，中国十大传世名画之一，宽24.8厘米，长528.7厘米。此画生动地记录了中国12世纪是汴京当年繁荣的见证，也是北宋城市经济情况的写照。作品以长卷形式，采用散点透视的构图法，将繁杂的景物纳入统一

而富于变化的画卷中。画中主要分为两部分，一部分是农村，另一部分是市集。据统计，"画中有814人，牲畜83匹，船只29艘，房屋楼宇30多栋，车13辆，轿14顶，桥17座，树木约180棵"。画面的中心是由一座虹形大桥和桥头大街的街面组成。大桥西侧有一些摊贩和许多游客。大桥中间的人行道上，是一条熙熙攘攘的人流：有坐轿的，有骑马的，有挑担的，有赶毛驴运货的，有推独轮车的……大桥南面和大街相连。街道两边是茶楼、酒馆、当铺、作坊。街上也是行人不断：有挑担赶路的，有驾牛车送货的，有赶着毛驴拉货车的，有驻足观赏汴河景色的。《清明上河图》将汴河上繁忙、紧张的运输场面描绘得栩栩如生，更增添了画作的生活气息，在我国绘画史上有着重要的地位。

宋代有五大名窑，其中三大名窑在河南，（1）开封的官窑。大约创建于我国北宋政和年间，南宋学者叶寘在其《坦斋笔衡》中道："政和间，京师（今河南开封）自置窑烧造，名曰官窑。"南宋另一学者顾文荐在其《负暄杂录》中也有关于"宣政间，京师自置窑烧造，名曰官窑"的记载。据说开封官窑的开设，是宋徽宗不满于当时现有贡御瓷器的瑕疵和缺陷，所以引入汝瓷及开封东窑等窑口窑系的制作精华，在东京汴梁（今河南开封），按照自己的设计、亲自指挥烧制和创制的巅峰之瓷。其不仅是我国陶瓷史上第一个由朝廷投资兴建的"国有"窑口，也是第一个被皇帝个人垄断的瓷器种类。作为国家礼器的创制，其造型通常以仿青铜器为主，是当年宋徽宗"新成礼器"的一部分。以徽宗诏敕编纂的《宣和博古图》为造型蓝本，主要分为两大类：一是礼器，代表作品有瓶、樽、鼎、炉、觚、盘等器形；二是文房用具，主要供徽宗个人使用，代表作品主要为"文房四宝"，有直口、荷口、葵口、寿桃、弦纹、兽头、兽耳等多种样式，器形可谓琳琅满目，充分体现了徽宗的文化智慧和创造。除了对器物造型的严格要求，对釉色的追求与完善达到了一个很高的水平，常见有天青、粉青、月下白、炒米黄等釉色，且以粉青为上。明学者高濂在其《燕闲清赏笺》中言"官窑品格，大率与哥窑相同。色取粉青为上，淡白次之，油灰色，色之下也"。清光绪三十四年开始编纂，兼收百科，重在溯源的《辞源》第二册"官窑"栏也道："宋代五大名窑之一，北宋大观间京师置窑烧瓷。胎骨有白、灰、红之分。其土取自汴东阳翟，淘炼极精。釉色有天青、翠青、月下白、大绿。粉青为上，淡白次之。"（2）汝州汝窑。位于河南省汝州市，北宋时创设。烧制御用宫中之器，居我国宋代"汝、官、哥、钧、定"五大名瓷之首，是北方第一个著名的青瓷窑。南宋叶寘《坦斋笔衡》说"本朝以定州白瓷器有芒，不堪用，遂命汝州造青窑器，故河北、唐、邓、耀州悉有之、汝窑为魁"，说明汝窑在接受宫廷的任务，烧造汝官窑器，使北方青瓷的技术成为全国之冠。南宋周辉《清波杂志》云"汝窑宫中禁烧，内有玛瑙末为釉"，这样就使汝窑产生特殊色泽，有卵白、天青、粉青、豆青、虾青，虾青中往往微带黄色，还有葱绿和天蓝等。尤以天青为贵，粉青为上，天蓝弥足珍贵，有"雨过天晴云破处"之称誉。（3）禹州钧窑。素有"黄金有价钧无价"和"家有万贯，不如钧瓷一件"美誉的钧瓷，是以独特的窑变艺术而著称于世。它凭借其古朴的造型、精湛的工艺、复杂的配釉、"入窑一色出窑万彩"的神奇窑变，展现湖光山色、云霞雾霭、人兽花鸟虫鱼等变化无穷的图形色彩和奇妙韵味。

（五）中原文化的衰落时期

元、明、清时期，随着政治中心的转移，文化的重心似乎也转移了，从下面这些当时文化界代表人物的籍贯我们可以看出：郭守敬，邢台（今属河北）人；关汉卿、王实甫均为大都（今北京）人；刘基，浙江青田人；宋濂，

浦江（今属浙江）人；顾宪成，江苏无锡人；李时珍，薪州（今湖北薪春）人；徐光启，上海人；宋应星，江西奉新人；徐霞客，江苏江阴人；罗贯中，山西太原人，一说浙江钱塘人；施耐庵，江苏大丰人；吴承恩，江苏淮安人；王阳明，浙江余姚人；黄宗羲，浙江余姚人；顾炎武，江苏昆山人；王夫之，湖南衡阳人；戴震，安徽休宁人；蒲松龄，淄川（今山东淄博）人；吴敬梓，安徽全椒人；曹雪芹，辽阳（今属辽宁）人。这些人当中，江浙人占了绝大多数，中原地区的人已很稀少了。虽然我们不能只根据文化人的籍贯来论述各地的文化发展程度，不过，以一个地区培养出全国第一流文化人的多少来判断该地区文化的发达与否，也不失为是一种衡量的标准。

四、中原文化的主要特点

李民昌在《中原文化研究随想》一文中说："中原文化的显著特点是它的许多内容在中国文化中占有'最早'的地位，或享有'第一'的声誉，这恰与黄河流域向来被世人视为华夏文明发祥地、中华民族之摇篮的地位相称。"具体概括中原文化的基本特点有以下几个方面：

（一）传统物质文化方面

中原的地理环境，是一种封闭的、适宜于农耕的、广袤而肥沃的平原，这在一定程度上决定了中原先民对农耕文明的选择。由于农耕文明以自然经济为基础、尚未发展起社会化的大生产，因此，这种文明只能是分散的、小农式的自在自发自给自足的文明。这使得百姓十分依赖土地，百姓要想维持生计，必须在努力劳动的基础上，反对奢侈浪费。长此以往，中原文化凝炼出勤劳节俭的美德，把贪吃、贪喝与好色、赌博罗列一起，并称"四害"。同时，深受儒家思想影响的中原人特别注重与人为善、推己及人，建立和谐友爱的人际关系，反对恃强凌弱、以众暴寡、以富侮贫。

（二）传统制度文化方面

制度文化一方面以表层物质文化为基础，另一方面又是人类深层精神文化的外在反映，处在文化的中间地

带。中华民族进入文明历史以来，作为帝都的中原就长期处于各个时期国家政治、经济和文化中心，国家在每个时期制定、颁布和实施的政治、经济和文化制度，都对其心脏地带产生巨大的影响。概况为几个方面：

（1）重农抑商的经济制度。历代统治者都十分重视农业发展，把发展农业当做"立国之本"。而在历代统治阶级眼里，商人唯利是图，斤斤计较，游走东西，串通南北，是社会动乱的诱因。因此，抑商成为统治阶级的基本国策。从战国至明清，历代统治者都强化户籍管理，限制人口流动，限制商人的政治权利，堵其仕途之路，不许后代做官甚至从穿衣、建房、乘车等日常生活方面对商人进行种种限制。重农抑商经济制度极大地压抑了工商业发展，最终使产业革命在中原的发生成为乌托邦。 （2）家国同构的政治制度。家国同构，即家庭与国家处在同一原则与同一组织形态。周公制礼作乐，规定家庭中父为家长，家族中长者为尊，联盟中王族首领为君，君权世袭、长子继承、余子分封，从而奠定了由天子到公卿、家族、家庭的宗法制度网。这样，以"君为臣纲，父为子纲，夫为妻纲"为思想基础，以家庭、宗族、户籍、郡县为统治网络，以男性家长和各级官员为管理人员，把父权——族权——皇权联结起来，构成了庞大的国家机器。 （3）官学一体的学术制度。官学一体制度给中原文化带来的最大弊端就是学术政治化。当政治中心位居中原时，中原学术可以借助政治力量得以迅速发展，很快变成影响中国文化的核心学术。当政治中心离开中原后，中原学术又很快失去了昔日的荣耀和光芒，中原学术的盛衰与政治休戚相关。

（三）传统精神文化方面

中原传统文化对人伦十分重视，突出表现为儒家的"仁学"思想。孔子说

"仁者爱人""仁者安仁""仁者利人";孟子说:"人之所以异于禽兽者",在于人有并能自察于诸如"父子有亲,君臣有义,夫妇有别,长幼有序,朋友有信"的人伦;荀子通过对万物层层分类来论证"人之为人"的本因:"水火有气而无生,草木有生而无知,禽兽有知而无义。人有气有生有知且有义,故最为天下贵也","然则人之所以为人者,非特以二足而无毛也,以其有辨也。……夫禽兽有父子而无父子之亲,有牝牡而无男女之别。故人道莫不有辨。辨莫大于分,分莫大于礼,礼莫大于圣王"。这里的"义""礼"就是孝、悌、顺君之道。这样使中原人民形成从国家利益和整体利益出发,"义以为上""先义后利""见义思利",反对"重利轻义"和"见利忘义"。《尚书》云"以公灭私,民其允怀",认为朝廷官员应当以公心灭除自己的私欲,这样就可以得到老百姓的信任和依附。这种注重社会整体利益、民族利益和国家利益,强调对社会、民族和国家的奉献精神的价值观,对于增强国家、民族的凝聚力有一定的积极意义。

(四) 中原文化的辐射方面

由于中原地区在历史上曾长期是政治文化中心,中原文化通过经济、战争、宗教、人口迁徙等众多渠道,不仅吸纳了周边多种文化中的优秀成分,同时还将自己的文化辐射到周边地区。例如:新石器时代中原文化与周边地域文化具有许多共同点;郑州大河村遗址中出土了一些富有山东大汶口文化特征的陶器,说明中原文化在那时就开始辐射周边文化;如三国鼎立时期,曹魏有曹氏父子、建安七子以及王肃、杜恕、王弼、阮籍、钟惑、马钧、华佗、刘徽等为代表的中原文化,孙吴有以陆绩、陆凯、虞翻等人为代表的东吴文化,蜀汉有以隋周、陈寿等人为代表的巴蜀文化。需要指出的是,无论是

东吴文化还是巴蜀文化，并非完全是当地土生土长的，他们读的都是儒家经典，是在中原文化的滋养下成长起来的。

正是中原文化的上述特性，决定了中原文化对于历史进程的巨大推动作用，无论是后羿射日、嫦娥奔月、愚公移山等激励鞭策人们奋发向上的神话故事，还是岳飞报国、木兰从军等宣扬爱国主义的文化母题，都是中华民族极其宝贵的精神财富。这种精神，在民族存亡的危难关头，成为支撑全民族的坚强力量。它如一台功能强大的引擎，为中国经济社会的发展提供了不竭的智力支撑，并促使中华历史甚至世界历史的车轮前行。

齐鲁文化

　　历史上的齐鲁，是中华文明的重要发祥地。所谓的齐鲁文化，并不是一种单一的文化，而是齐文化与鲁文化的融合。齐鲁文化形成于春秋时期，鲁国出现了以孔子和孟子为代表的儒家思想学说，齐国则吸收了当地土著文化即东夷文化并加以发展。齐文化崇尚功利，讲求革新；鲁文化注重伦理，尊重传统。经过多年的发展，这两种文化逐渐交融，形成了具有丰富历史内涵的齐鲁文化。

一、齐鲁文化的形成

西周初年，姜太公被封于齐，将都城设在营丘，建立齐国。当时齐国非常落后，境内多是未开垦的荒地和盐碱地，居民靠畜牧业和渔猎业为生，与发达的中原地区相比，完全是夷荒之地。据《史记·齐太公世家》记载，姜子牙为治理好国家，放弃了传统习俗，因地制宜地实行"因俗简礼""尊贤尚功""通商工之业""便鱼盐之利"等治国方针，使鱼盐业、手工业和商业迅速发展起来。此外，周成王授予姜子牙"东至海，西至河，南至穆陵，北至无棣"的征伐之权。于是姜子牙不断开拓齐国的疆域，为以后齐国的发展打下了良好的基础。以后齐国一直保持强大的国力，人口增加，经济发展迅速，成为东方的强国，并一度成为春秋霸主。公元前221年，存在了八百多年的齐国为秦所灭。

（一）齐文化

作为齐鲁文化的一部分，齐文化有着与众不同的历史演变过程和独特的文化魅力。传统的中国文化中有很大一部分是来源于齐文化的。有人认为没有齐文化就没有今天的中华文明，这并非是夸张。

齐国建立，负责治理夷人意味着本地原来的东夷文化开始向后来的齐文化演变；周公旦被封于鲁，其责任是护卫周室，因此宗周文化在鲁国得以完整保存。从齐鲁建国开始，以泰山为界，泰山南北的东夷人虽然都臣服于周室，却被一分为二，山南以鲁为首，山北以齐为头。而且，由于两国诸侯的施政方略不同，泰山周围的夷人风俗也出现了不同的变化。

周公旦治鲁讲究"尊尊而亲亲"，大力改造当地的夷人风俗，夷人遵行周礼十分彻底，几乎完全放弃了原有的文化。而姜太公治齐则讲究"尊贤而尚功"，对周礼并不热衷，所以齐国的夷人没有得到彻底改造，部分保留了原来的夷人文化。

另外，泰山南北地理环境有着天壤之别。泰山之南的鲁国，土地肥沃，适合发展农耕经济，很容易与重农的周文化相结合；泰山以北的齐地，却因土地贫瘠，难以推广农业文明，但有渔盐之利，导致工商业较为发达。因此，鲁人逐渐被周人同化，最终成为中原文化的典型；齐人则较多地保留了东夷人的文化传统，又借鉴中原文化，使本土的东夷文化有了新的发展。从这一点来说，齐、鲁两地的文化是泾渭分明、各具特色的。

春秋时期，作为齐鲁文化的核心成分——儒学产生于鲁国。战国时期，儒家学说的杰出代表孟子两度游学于齐，并在齐国居住了十几年，他的学术思想受到齐文化的熏陶。此外，作为儒家思想的集大成者的荀子在丰富和完善儒学思想的同时，通过学术交流将儒家思想在齐国的文士阶层传播开来。在此背景下，齐文化和鲁文化开始走向融合，共同构筑了辉煌灿烂的齐鲁文化。

1. "齐"名称的由来

历史上的齐国是当时疆域辽阔的大国，位于泰山以北，都城设在临淄。其疆域南到泰沂山区，北至渤海平原，西临黄河古道，东达山东半岛。今天的胶东、鲁北地区和鲁东大部分地方，在当时都包括在其境内。

至于姜子牙以齐为国名，是因为早在殷商之时，临淄一带就被称为"齐"。也就是说，"齐"的名称在姜子牙被封之前就已经存在了。到姜子牙建国，就沿袭了旧时的名称。在《中国历史地图集·商时期中心区域图》中，"齐"被标注为城邑。郭沫若考证后认为："齐当齐国之前身，盖殷时旧国，周人更之，别立新国而仍其旧称也。"由此可见，齐国的国名"齐"是因地而得。

齐地之"齐"又是从何而来的呢？在文献中没有详细的记载，所以学术界目前还存在争议，

主要有三种不同的观点。

第一种观点认为"齐"字来源于临淄附近的天齐渊。据《齐记》记载："临淄城南有天齐泉，五泉并出，有异于常，言如天之腹齐也。"《史记·封禅书》中讲道："齐之所以为齐，以天齐也。……天齐渊水，居临淄南郊山下者。"在古代文字中，"齐"字与"脐"字相通，因此"天齐"就有了天的肚脐、天的中心的意思。由于临淄附近有天齐渊，当地先民把临淄看成"天之腹脐"、世界的中心部位，因此临淄地区便得名"齐"。

第二种观点主张"齐"字来源于当地的经济生活。"齐"的古义是"禾麦吐穗，上平"；而甲骨文、金文中"齐"字的字形很像小麦吐穗的形状；临淄地区恰好自古以来就以农业为主，尤其是小麦种植极为发达。因此得"齐"之称，也就是"小麦种植区"的意思。

第三种观点强调"齐"字与弓箭和东夷崇尚武术的习俗有关。在甲骨文和金文中，有人认为"齐"字很像三枚箭头，再加上"夷"字的字形体现的是人背大弓，蕴涵了东夷人发明弓箭、崇尚武功等史实，后人因此得出齐地是"崇尚弓箭的东夷人所居中心之地"的结论。

不论"齐"由何而来，生活在齐地的齐人都坚信齐地是华夏文明的中心地区，并创造出了辉煌灿烂的文化。

2. 齐文化的特点

齐文化以东夷文化为主、周文化为辅。经济上，以农业为主，提倡农、工、商并举；政治上，尊贤而尚功；文化上，主张宽松自由、兼容并包，表现出强烈的革新性、开放性和包容性。

在经济文化上，齐国追求农工商并重。用今天的眼光看，齐国依山傍海，地理位置优越，经济繁荣是必然的。但在周朝刚刚建立时，这里却是另一番景象：土地贫瘠、人口稀少、经济落后。面对这种状况，姜子牙通过实地考察，决定因地制宜，制定出了农工商并重、五业俱兴的政策。发展农业以代替传统

中国北方地域文化

120

的畜牧业和渔猎业，纺织手工业和商业也繁荣起来。这实际上是出于齐人希望获取更多物质财富，以此来推动以经济繁荣为出发点与终级目标的功利观念。

在姜子牙的努力下，齐国的经济迅速发展，国力极大增强。姜子牙之后的几代齐王都进一步巩固和发展了这种政策。最终，齐国成为春秋时代的第一位霸主。虽然后来历经内乱，被田氏取代，却始终作为东方大国活跃在春秋战国的舞台上。在齐国由兴盛至灭亡的八百余年中，虽然天下纷争不断，但是齐国始终以国富民强而闻名于世。这些均体现了齐在经济文化上因地制宜、因时制宜、不墨守成规、注重事功、力求发展的功利主义色彩。

在政治文化上讲究尊贤尚功，姜子牙主政齐国，在政治上制订了"尊贤尚功"的策略，这一政策对齐国的政治生活和政治文化产生了深远的影响。具体表现在两个方面：不计出身，唯才是举；以功为尚，不重名分。齐国的始祖姜子牙出身寒微，在遇见周文王之前，一直不得志，他怀才不遇的切身体会，固然是这一政策产生的原因之一，更重要的则是齐国富有功利主义色彩的文化土壤以及统治者的远见卓识。尤其是周朝建立了宗法制度，人一来到世界，其社会地位和权力便已经确定，在齐国却是有所不同。

齐国的历史上有两位功绩显赫的贤相——管仲与晏婴。管仲是小商人出身，身份低贱；晏婴的出身也不高贵而且其貌不扬。但两个人最终都跻身齐国的显赫权贵之列。特别是管仲，最初是齐桓公政敌公子纠的老师，还曾策划并参与谋杀齐桓公的行动。在公子纠失败之后才投身桓公手下做事。管仲的待人处事原则与当时士大夫们的道德观念背道而驰。包括他和鲍叔牙的朋友之交，在人们眼中，是典型的小人遇见君子。他追求自己的功名，为了使自己"功名显于天下"，可以"不拘小节"。这里的"小节"，就是事君主的忠、参战争的勇、分财物的谦让、为人处世的尊严等，对他的这些行径，人们很是不齿，这充分表现出他的商人特性。

齐桓公重用他，不仅是看重了他在贫困时积累的丰富经验与追求利益时的灵活

机智，更钦佩他为追求功名而表现出来的百折不挠的精神。这些事情正体现出齐国政治文化的功利性。

在学术上主张兼容并包，形成宽松自由、开放包容的学术氛围。姜子牙刚刚到达齐地时，实行了"修道术，尊贤智，赏有功"和"因其俗，简其礼"的方针。这一方针虽然与老子的道家思想颇为相似，却表现出各种思想兼收并蓄的形态。比如：管仲的思想主张以及治国之策与法家相近，晏婴则更接近墨家的主张。这使齐文化表现出开放性、包容性的特征。

在齐国八百多年的历史中，几乎没有一种思想能够取得独尊的地位。"百家争鸣"虽然是人们用来形容先秦学术交汇盛况的，实际上也是对齐文化兼容并包特点的高度概括。

先秦诸子思想在齐国的稷下形成百花齐放、百家争鸣的局面，各国的学者齐集在齐国，充分体现了齐国学术的"集百花于一束，熔众家于一炉"的特点。而这个特点也正好表现出齐文化兼收并蓄、不尚道统、讲求事功的特质。

齐文化中具有比较突出的功利色彩，在经济政治的政策选择上注重事功、物利，却从未使人产生肃穆的压抑感，而是带有极大的开放性与灵活性，也就是说，这种功利性是与随意性和实用性相结合的。主要原因就在于齐国是神仙方士的发源地，海内三神山的传说是由这里产生的，战国至魏晋时期出现的著名方士也大多是齐人。

关于"三神山"，司马迁在所著的《史记·封禅书》中写道："自威、宣、燕昭使人入海求蓬莱、方丈、瀛洲。"用今天的科学知识来解释，所谓的"三神山"应该是海市蜃楼，也就是幻景。战国时齐国的方士们正是从这种空灵斑斓的幻景中受到启发，创立了仙道学说。

当时的燕、齐一带盛行神仙观念与方术，就连统治者也十分热衷于求仙活动。加上战国属于社会剧烈变革与动荡时期，许多人都对现实感到茫然、苦闷，想躲开这个"恶浊的世界"。但是，这个现实的世界是躲不开的，吃饭、穿衣等众多实际问题都需要解决。于是，人们利用玄想创造的"吸风饮露，游乎四海之外"的仙人便产生了。

战国时期的社会现实在一定程度上打破了原有的规范与秩序，出现了思想解放，个人不但在政治上得到权利，在经济上获得保障，还脱离了贵族的羁绊、"上天"的束缚，获得了相当的自由，由此产生了"做仙人，服不死之药，从此无拘无束，与天地相终始"的思想。

此外，空灵、缥缈的仙境也寄托着人们在仙道思想影响下对现实纷扰、人生短促的超越、解脱心理。的确，人们越是向往"老而不死"的仙境，仙境就越发神奇、华丽，引起人们无尽的企盼，且这种企盼越强烈，人们求仙寻道的活动就越疯狂。在战国到汉的这段时期内，尽管人们从未找到过实际存在的神山仙境，方士们的预言也屡次不灵，但封建帝王仍幻想长生不老、永为人主。从上述内容可知，相对于其他地域文化，齐文化带给人的是一种由空灵构筑的仙境，又由于其中注入了功利的因素，这种仙境逐渐演化成人间仙境。在这个仙境里，原有的社会价值规范被逐一打破，人们在精神上获得了更多自由和想象的空间，也更加不看重世俗的约束。

（二）鲁文化

武王姬发之弟周公旦受封于鲁。由于成王年幼，周公留在王室，辅佐成王，其长子伯禽代替周公前往鲁，因此鲁国第一位国君实际上是伯禽。鲁国境内地势平坦、土地肥沃、水源充足，适合农业、畜牧业和蚕桑业的发展，经济实力很强。由于这里原本是殷商势力较强的地区，东夷部族也不甘心臣服，因此鲁国局势一直动荡。直到鲁炀公最终彻底征服了周边，鲁国才在曲阜一带站稳脚跟。外患虽平，内忧又起。不断的政局动荡，使鲁国的经济和军事都没有什么进步，逐渐落后于其他国家。公元前256年，被楚国所灭。

鲁国虽然是齐国的近邻，但是在西周春秋战国的长达六七百年的时间里，齐文化和鲁文化是沿着各自的轨迹发展的。鲁文化以周文化为主、东夷文化为辅。经济上，特别重视农业生产；政治上，强调宗法制度；文化上，采取"变其俗，革其礼"的方针，用周文化强行改造土著文化，是一种重仁义、尊传统、尚伦理、贵人和的道德型文化。

司马迁在《史记·游侠列传》中写道："鲁人皆以儒教。"这里的"教"为教化之意。由此可见，儒学对鲁国人有非常大的影响。作为一种源远流长的文化，鲁文化在孔子之后又相继出现了子思、孟子、荀子等集儒家文化之大成的思想大师。他们对鲁文化与儒学的承继、传播和发扬，都作出了不可磨灭的贡献。

1. "鲁"名称的由来

据考证，最早的鲁国并不在如今的山东曲阜一带，而是在今天的河南省的鲁山一带。周公旦在东征前，就已经在成王的劝说下建立了"鲁国"，而此时的曲阜一带还被古奄国（存在于商朝时期）占领着。伯禽刚到此地，各部族趁其立足未稳，发动了叛乱。伯禽于是代表周王室担负起镇抚徐、奄的使命，讨伐叛乱。鲁国的势力也开始由西向东逐步发展起来，渐渐控制了包括曲阜在内的大片土地。为巩固和加强对东夷地区的统治，周公旦决定，将鲁国封在曲阜。伯禽由鲁山迁往曲阜，后来的鲁国，就是在这一基础上逐步发展起来的。

秦国吞并各国，建立了统一的秦王朝，但无论之后怎么变化，泰山以南的汶、泗、沂、沭水流域仍沿称"鲁"。

2. 鲁国的统治方针

鲁文化基调是强调道德至上和固守周朝礼乐，为鲁文化确定发展方向的正是周公旦。他对鲁文化乃至整个中华文化影响深远。据《尚书大传》记载：周公旦受封鲁国后，因武王过早离世，而成王又年少，必须留下来主持朝政，于是伯禽代其父管理鲁，并延续了周公旦等姬姓贵族创建的宗周文化。因此，鲁文化不同于齐文化，是由特定的历史文化渊源决定的。

周公旦是周文王之子、周武王之弟，在推翻商王朝的过程中，周公旦的表现与功绩并不十分突出。武王去世后，年幼的成王即位，周公旦以王叔的身份辅政成王，实际上是周朝建立之初真正的决策者，为周初政权的巩固、周朝各项制度的确立与周代文化的建设都作出了卓越贡献。他的地位、功绩和影响均远远超过其他人。

周公旦为鲁国确立的统治方针是"变其俗，革其礼"与"亲亲上恩"。包括伯禽及其后继者，一直遵循这一方针，坚持以德治国和固守周朝礼乐制度。作为西周文化的奠基人和鲁文化的设计者，周公旦的思想精髓和西周时代主流文化、主流思想，在鲁国文化上都得到集中和具体的体现。

"变其俗，革其礼"，是因为鲁国商、奄遗民较多，统治者要彻底改变原有政治制度，不断向他们灌输周朝的政治思想和道德观念，使他们真正成为周的臣民，这是继武力征服之后的文化征服。如果说齐国的"因其俗，简其礼"侧重于包容、吸收不同部族、不同方国的文化，鲁国的"变其俗，革其礼"则侧重于向其他部族推广和传播周朝的文化。事实上，这两种政策都是从各自国情出发的、合乎实际的选择，都对本国文化的发展起到了积极的推动作用。齐国的文化政策成就了博大开放的齐文化；鲁国的文化政策造就了鲁文化的精纯。如果没有"变其俗，革其礼"的治国方针，没有坚决维护周文化为本位的态度，没有对祖先理想的执著追求，鲁国就不可能形成自周公旦到孔孟的一脉贯通的文化传统，其文化也就不能称其为鲁文化了。

至于"亲亲上恩"的方针，"亲亲"，就是贯彻执行宗法制度，巩固以血缘关系为纽带的宗族组织，强化宗族成员间的血缘认同感，来提高宗族的凝聚力和向心力；"上恩"，就是强调血缘情感在调节贵族内部关系方面的重要性，强调用传统的道德手段来约束宗族成员的行为，以及从宗族组织整体复兴的大局出发，宽宥贵族的某些违礼行为。

事实上，只有依靠强有力的宗族组织和姬姓成员的团结一致，共同应对来自外

部的压力，征服者才能在这块陌生的土地上站稳脚跟并生存下来。所以，伯禽及其后人，始终对周公旦制定的"亲亲上恩"原则奉行不悖，取消了异姓贵族参与重大决策的机会，确保自己统治的安全，使鲁文化走上重亲情、重礼仪、重道德规范的道路，淋漓尽致地发挥宗周文化的特长。

总之，鲁国的"变其俗，革其礼"与"亲亲上恩"表现出了一种唯我独高、睥睨一切的文化霸气，也是统治者自信及实力的反映。

（三）齐鲁文化的交融

齐、鲁两国以泰山为界，本是邻邦，即使是在交通不便利的古代，两国之间的相互交往和影响也是不可避免的。两种差异性很大的文化互相吸引和交融，特别是秦王朝统一天下之后，实行一系列促进统一的政治、经济、文化方面的措施，文化樊篱被打破，齐鲁两地的文化虽然仍保持着各自的特色，却日益变得你中有我、我中有你。在齐鲁文化交融过程中，稷下学宫起着重要作用。

稷下学宫始建于田齐桓公时期，因邻近齐国国都临淄的稷门而得名。稷下学宫是齐鲁文化交融的重要阵地，是战国时期的政治咨询、学术交流中心，是诸子百家争鸣的重要场所，也是闻名于世的文化教育中心，更是各种文化思想理论学说会聚、碰撞、交流、融合的地方，是我国最早的官办大学堂。在先秦时期的齐国乃至齐鲁两国的文化史上都占有重要地位。

战国时代，是我国历史上第一次社会转型期。整个社会处在大变革之中，各诸侯国都把如何称雄于列国、实现统一天下的霸业，如何管理国家、巩固政权、富国强兵等重大问题放在首位，因此急需一批具有济世才能的政治人才为自己出谋划策、执政掌军，以实现"一匡天下"的政治理想。

田齐的第三代君主田午（齐桓公）跟其他诸侯一样，也面临着新生政权巩固和人才匮乏的现实。于是，他继承齐国"尊贤纳士"的优良传统，并借鉴姜齐桓公的方法，在国都临淄的稷门附近建起了学宫，以此招揽天下士人，到稷下学宫传道授业、著书论辩。

齐威王即位后，为了革新政治、整顿吏治、发展生产、繁荣经济，对人才的需求更加强烈。于是，他扩建稷下学宫，选贤任能、广开言路，使齐国成为东方霸主，稷下学宫也由此进入蓬勃发展的新阶段。

公元前 319 年，齐宣王即位。当时的齐国政治稳定、经济繁荣，他决心继续加强经济、军事实力，大展宏图。为了适应这种政治上的需求，齐宣王采取开明的政策，大力发展稷下学宫，采取"趋士""贵士""好士"等礼贤下士的措施，封赏有政治思想和实践经验的稷下学士，将一些人任命为"上大夫"，允许他们参与国事，参与制定典章制度和匡正官吏乃至国君的过失。他还为稷下学士们提供优厚的物质待遇，鼓励他们著书立说、讲习议论，展开学术争鸣。

这些政策的实施使稷下学宫吸引了四方人才，各国学者纷至沓来，其中就包括田骈、捷子、邹衍、慎到、环渊等众多著名学者，稷下学士达数万人，并有继续发展的势头。学者们参政议政的意识也得到很大程度的提高，学术研究的自主性、创造性与积极性空前高涨。

到了齐湣王后期，他穷兵黩武、好大喜功，没有先辈招贤纳谏的雅量，拒绝了许多稷下先生的劝谏，导致稷下学者们纷纷离齐而去。荀子就曾以稷下学士的身份劝谏齐相田文，不但没有得到重视，反而屡次遭受讥讽，最终只得离开齐国。当时是稷下学宫自建立以来最为冷清萧条的时期。后来，燕国大将乐毅率领大军攻入临淄，齐湣王惶惶逃奔莒地（今山东莒县）被杀身亡，稷下学宫也在这次战争中遭到破坏，被迫停办。

齐襄王复国后，努力恢复和延续稷下学宫，但战争使齐国元气大伤，无力恢复强国与霸主的风采，即使学宫仍在、荀子等名士复归，稷下学宫仍无法恢复以往的繁荣。

襄王去世后国内政治一片混乱、国势渐衰。此时的稷下学宫虽仍存在，但已毫无生气。在秦

灭齐统一中国时，稷下学宫随之消亡，存在约一百五十年。其创办时间之长、规模之大、影响之深远，在整个古代教育史上都非常罕见。

稷下学宫在鼎盛时期是战国年间诸子百家荟萃的中心，儒家、道家、法家、墨家、名家、兵家、阴阳家、小说家、农家等各学术流派都曾活跃在稷下论坛上。他们因阶级、阶层、地域文化、政治倾向、思维方式、价值观念、心理结构等方面的差异，各有自己的思想体系、学术主张、主题理论，使稷下学宫出现了思想多元化的格局。

稷下学宫能在齐国存在并最终发展壮大，与当时齐国实行开明革新的思想文化政策是密不可分的。虽然稷下学宫的各家各派各执一说，甚至有些学派的思想理论体系还相互矛盾，但齐王从不干预，还创造条件鼓励争鸣，使各家各派都能平等共存、互为兼容、自由发展。

稷下学宫的出现不仅促进了百家争鸣的展开，形成了先秦百家争鸣的高峰，各国学者聚集在稷下学宫，形成了中国历史上著名的法家、道家、儒家、黄老、杂家、阴阳等学派，促进了齐鲁文化的融合，还促进了学术思想的繁荣，逐渐成为中国传统文化的主流。对我国古代思想、文化教育发展产生了重大而深远的影响，为中华文明的发展作出了巨大贡献。

二、齐鲁文化的特色

　　齐鲁大地是中华文明的重要发祥地之一，陆海相连，人口稠密，物产丰富；齐鲁文化，源远流长，学派众多。这块土地人杰地灵，孕育了许许多多著名的思想家、政治家、军事家和文艺家，为人类贡献出许多重要的思想体系、丰功伟业、文化精品，为中华文明的丰富和发展，作出了巨大的贡献。

　　首先，齐鲁文化是一种融功利主义与理想主义为一体，德法并重的文化体系。周公和姜太公作为先驱者，经过数百年建立起鲁文化和齐文化两大体系，并在此后几千年的历史发展中相互融合发展，使齐鲁文化具有旺盛的生命力。周公封于鲁，其后人将周礼传承下来；孔子则以"仁"为核心创立儒学，将礼乐文化提升为礼义之学，孟子继承孔子的儒学传统，使鲁文化形成崇仁、重礼、尚德、贵和的精神品质。姜子牙封于齐，将周礼部分内容与当地东夷文化和民俗结合起来，在建立礼乐制度的同时，注重发展经济、健全法制、增强实力。至齐桓公和管仲，形成霸业。后又有晏婴治齐，政绩卓绝。以《管子》为代表的齐文化，礼法并重、农商同举、义利兼顾。鲁文化与齐文化的汇合与互补，使得山东的古代文化既重视人文价值理想，又重视现实国计民生；既注意道德礼乐的建设，又注意行政法规的完善；既保持厚重的传统，又能宽容开放。

　　其次，齐鲁文化中贯穿着儒学和道家两大文化主线，形成儒道互补、相辅相成的格局。儒家重人文化成，道家重自然淳朴；儒家以教育和修养，提升人性，改良社会，道家以复归和无为，克服异化，超越世俗；儒家重群体关系，道家重个人自由。儒道互补使中国文化内部有一种良性的制约与平衡，这一点在齐鲁文化中尤为明显。这里是孔子、孟子和儒学的故乡，儒学影响巨大是举世公认

的。其实道家和道教文化也在这里有很深的根基。庄子出生地还有待考证，不过他主要活动于山东、河北、河南交界一带。唐代封庄子为"南华真人"，封《庄子》为《南华真经》，而南华山就在菏泽东明境内。庄子既传承楚文化，又深知儒学，由于这一带濒临大海，自古便有神仙传说和修仙方士，遂成为道教重要源头；金元之际又有全真道从这里兴起，这是有深刻历史文化背景的。

再次，齐鲁文化是一种在儒家、道家、法家思想的基础上，吸收诸子百家之长形成的具有兼容性的文化形态。先秦时期学术上的百家争鸣，集中体现在齐国稷下学宫，各种学派都可以在这里自由发言、平等讨论，故天下学者云集于此。古代山东是学者的天堂，除了儒、道、法之外，还出现过墨家、兵家（孙武与孙膑）、阴阳家（邹衍）等学派，都产生过重大影响。管仲是颍上人，却做了齐国的宰相；荀子是赵人，却在稷下学宫多次任主持。这都说明古代齐鲁文化的昌盛，是由于有尊重人才的良好传统。西汉时期，齐鲁经学保存最为完整，隋唐以后，中国文化中心南移，在齐鲁大地上，仍然哺育出许多历史文化名人，如文学家辛弃疾、李清照、蒲松龄，军事家戚继光，大学者王懿荣、傅斯年，宗教家丘处机及其余全真六子。在北方地区，山东的文化始终是活跃和多彩的。

第四，齐鲁文化具有多元性。齐国、鲁国在初期建国时，既秉承有西周文化，又注意吸收当地文化，所以从文化的渊源和基础来看，既有周人的传统文化，又融合了当地土著文化和部分文化，所以齐鲁文化的基础是多元的，在以后的长期发展中，齐鲁文化不断吸收和融合各种文化成分，沿着多元的方向继续发展。战国时形成的诸子百家中，许多学派与齐鲁文化都有渊源关系。

第五，齐鲁文化是自由开放的文化。西周时期，齐鲁是东方大国，远离成周，有相对的独立性，文化形成各自的特色，其发展有较大的自由。春秋战国各诸侯国割据一方，周天子失去权威，思想文化的载体——士人知识群体正式形成，这些为义化的发展奠定了更广泛的基础。尤其是士人阶层在这个时期有相对独立的人格和自由认识自然与社会的权力，形成各自的价值判断。他们可以把一切客体作为认识对象，自由地研究和解释，形成不同的学说理论。稷下学宫建立后更是如此，正如《史记》所说："自邹衍与齐之稷下先生，如淳于髡、慎到、环渊、接子、田骈、驺奭之徒，各著书言治乱之事，以干世主，岂可胜道哉！"鲁国文化以儒学为主，以厚重著称，但儒学本身是一种开放的文化，孔子、孟子、荀子诸位儒学大师一方面吸收各种思想学说的有益成分，成就自己的一家之言；另一方面，也以自己的观点批判其他学派，在各种思想文化的碰撞、交锋中，丰富发展着儒家学说。

最后，齐鲁文化在近代与西方文化的碰撞中，逐步实现其近现代的转型。齐鲁大地地理位置优越，既有内陆地区，又有较长的海岸线，因而陆海交通便利，自古以来与朝鲜、日本保持着海上交通。中华农耕文明到了近现代，受到西方工业文明的冲击，日益落后，西方列强的侵略势力首先从沿海地区进入中国，胶州湾和胶东便成为殖民主义的掠夺对象。在帝国主义的侵华史上，胶东大地记载着许多耻辱的事件，给人们带来深刻的挫折感和震撼，齐鲁文化的精神传统也发生了历史性的转变。当地人民既有反抗外来侵略的光荣历史，同时也学会吸收西方文明的优长，发展对外海上经贸事业，使沿海地区的文化较早具有中西融合的特色。而地理优势和人们较开化的心理素质，对于改革开放以后山东的经济和社会发展，起了积极的推进作用。

三、齐鲁文化的贡献

　　齐鲁文化原本是中国众多的区域性文化之一，但由于这一区域性文化取得了非同凡响的成就，在全国产生巨大的影响，成为全国性主流文化，在中华文明发展史上发挥了非同寻常的作用。其中最具规模的主要有三次。

　　第一次是孔子创立的儒学。汉朝实行罢黜百家、独尊儒术以后，历代王朝均以儒学作为官方学说，四书五经成为思想经典，孔子被尊为万世师表，孔孟之道定为治国安邦和引领社会人生的指导思想，儒学在中国传统思想文化中处在主干和基础的地位。儒学的仁爱、尚德主张，促进了中华民族的繁荣和统一，使中国成为道德礼义之邦与讲信修睦之国。儒学的尊卑亲疏之礼使中国的封建专制统治延续了两千年之久。曾经促进了中华文明的繁荣，却也束缚了中国近现代的发展。儒学还传到东亚各国，形成儒学文化圈，对于东亚的文化有着深刻而广泛的影响。儒学的功过是非，需要用历史的眼光来看待。但孔子作为中国传统文化的代表和世界文化名人，是举世公认的。在消除了陈旧的内容之后，儒学的精华所具有的普遍价值正在放出新的光芒，成为当代中国和人类拥有的一种宝贵的精神文化遗产，相信在中国现代化和人类文明转型中可以继续发挥越来越大的作用。

　　第二次是以管仲为代表的礼法并用、农商皆重、义利兼行的治国理念，成为汉以后两千余年朝廷治理国家的根本政策，为历代帝王在实际的执政实践中所奉行。管仲提出的"礼义廉耻，国之四维"，一直是治国的基本原则；同时礼主刑辅，把礼制和法制结合起来的原则，也对后世产生深远的影响。鲁文化强调人文价值，齐文化讲究实用功效；儒学重视原则，管学讲求运作。以礼学为例，孔子提出"克己复礼"的大方向，荀子则将礼与法、礼与政结合起来。叔孙通（山东滕州人）参照古礼，为汉王朝制定礼仪制度，成为以后历朝修礼的基本模式。汉代礼学发达，礼制隆盛，使礼文化在政治、道德、民俗各个层面都得到展现。据冯友兰先生研究，汉代礼学大都上承荀子学说，并使之制度化，而荀学乃齐稷下学派重要组成部分。由此可知，齐鲁文化对于两汉及其以后历朝的制度文化建设，影响是巨大的。

第三次便是全真道的兴起及其在全国的流传。全真道的鼻祖王重阳是陕西人，他在关中悟道，来到胶东不久，收纳和培育了马钰、谭处端、刘处玄、王处一、丘处机、郝大通、孙不二七大弟子，正式创立了全真道。而全真七子皆一流人才，以三州为基地，把全真道传向全国各地。其中尤其以丘处机为全真道扛鼎人物、兴盛功臣。他不顾路途凶险、遥远，西行雪山会见成吉思汗，实现其"一言止杀"的宏愿，使全真道成为颇有影响的全国性教派。与正一道一起，主导了中国道教史后期的发展方向，并给予儒学与佛教以深刻的影响，成为中国传统文化的核心部分之一。全真道高唱"三教一家"，重视身心解脱、性命双修，对于多元性文化的融合和中国养生文化的丰富与发展，有独特的贡献。王重阳和北七真表现出的慈勇勤苦、包容通和、坚毅不拔的精神，充实了中华民族精神的内涵。齐鲁文化的优良传统，至今影响着齐鲁大地，哺育着齐鲁人民。齐鲁人民道德淳厚、民风质朴；重教育、重人才，教书育人，成绩斐然；倡实干，讲效益，不务虚夸；求新促变，勇于吸收引入国外先进文明成果，故经济与社会发展速度较快。这些当然是改革开放政策的效果，但它与齐鲁文化在民众中积淀的优良传统也有密切的关系。

四、齐鲁文化的地位

齐鲁文化在中国文化和文明发展史上占有重要的地位，这是人所共知的。作为中华人类发祥地之一，它有四五十万年人类活动的历史，也是中华文明发祥最早的地区。东夷文化距今大约有八千多年历史，其中，距今大约六千年的大汶口文化中期就发现了中国的象形文字——陶器文字，它有迄今为止最早的新石器文化。作为同一文化系列的龙山文化、大汶口文化和北辛文化的上源，后李文化已上推到距今八千年前，这是迄今中国大地上发掘的新石器文化最早的年代。历史久远、底蕴丰厚的齐鲁文化，最具有象征意义的文化符号，是人们所熟知的"一山、一水、一圣人"，一山即号称五岳之尊的泰山，一水即中华民族的母亲河黄河，一圣人即被尊为万世师表的孔圣人，由此足可看出齐鲁文化的历史地位。

（一）泰山与齐鲁文化的地位

"泰山"古称"东岳"，为中华五岳之首。泰山有着深厚的文化内涵，是东方文明的象征。

泰山总面积 426 平方公里，主峰海拔 1545 米，气势磅礴，雄伟壮丽，还有丰富灿烂的历史文化。这里发现了 5 万年前新泰人的化石，40 万年前沂源人的化石遗存。泰山自古就被称为名山、神山、圣山。孟子曾说"孔子登泰山而小天下"。泰山在人们心目中，占有众山的至高、至大、至重、至尊的地位。主要原因是历代帝王的封禅。

"卦禅"，是中国古代民族或国家最高祭奠。因为它是人间"帝王"与天、地通话的仪式。《史记·封禅书》载："此泰山上筑土为坛以祭天，报天之功，故曰封。此泰山下小山上除地，报地之功，故曰禅。封禅者，神之也。"我们中华先民心中最高的主宰神是天，其次是地，即所谓"皇天后土"。《尚书·大禹谟》载："皇天眷命，奄有四海，为天下君。"皇天是至高无上的君主，主宰着人间万民万物，君权是皇天授予的。因此，"易姓而王，致太平"，必封泰山，上报天，下报地，以"报群神之功"。自秦汉以来，帝王登基之初，太平之岁，通常都要到泰山举行封禅大典，祭告天帝。先秦时期就有 72 位君主到泰山封禅。秦汉以后有 27 次。

但是，一般帝王还没有资格封禅，一定要受命于天，奄有四海，致天下太平者才有资格。选择在泰山举行这么隆重的封禅活动，最主要的原因是儒家思想成为国家正统思想后，山东的儒生们极力鼓吹泰山的神圣。长期居住在泰山一带的人们，以为泰山最高，上可通天，下可通地，于是就成了代表天地主生死之神。人死魂归泰山的传统习俗，又是泰山一带为古民族聚居、文化发达的一个佐证。

泰山一带为齐鲁地区原始民族的文化中心之一。据文献记载为传说时代，据考古发掘为新石器时代已无问题。因为有大汶口文化和传说的无怀氏、伏羲氏、神农氏、炎帝等封禅泰山的丰富资料为证。特别是孔子说，古代易姓而王封泰山禅梁父，"可得而数者七十余人，不可得而数者万数也"。（《史记·封禅书》正义引《韩诗外传》）这里透露给我们一个信息，泰山封禅不是始于无怀氏，而是更早。早到什么时候，无从查考。但据有史记载的秦始皇至宋真宗一千二百余年间有 8 帝 14 次封禅泰山，大体约 85—150 年即有一次。

泰山是一座名山，也是历代帝王、达官显贵、文人墨客、云游僧道、百姓众生的向往之地。人们均以登上泰山为自豪，使得不同的政治思想、道德观念、憧憬希望在泰山以不同的形式和载体体现出来。泰山不但拥有壮美的自然景观、丰富的历史文化，还有许多动人的传说和典故。如：碧霞元君的传

说有两个不同的版本，暴经石的传说、五大夫松的传说、仙泉的传说等等。正是这许许多多的典故与传说，反映了中华民族自强不息、奋发向上的精神，不屈不挠、光明磊落的传统美德，以及对邪恶势力的仇视和对幸福生活的向往。吸引着历代文人骚客接踵而至，留下了脍炙人口的诗文碑刻。因此，泰山有书法石刻艺术馆的美称。泰山作为中华民族的伟大象征，于1987年被联合国列为世界自然与文化遗产。

泰山是如此令人神往，历代文人名士胸怀无法排解那与生俱来的泰山情结。无论是孔子，还是司马迁、杜甫，都与泰山都有不解之缘。孔子把自己比作崇高的泰山，当感到自己将不久于人世时，他高声吟唱："泰山其颓乎，梁木其摧乎，哲人其萎乎！"孔子把自己的生死与泰山联系在一起，足见泰山在孔子心中的重要地位。孔子登泰山拓展了泰山的文化内涵，泰山促进了儒家思想的发扬光大，孔子也开了名人登泰山的先河。后人纷纷效仿。

司马迁在《史记》中专门写了一篇《封禅书》，对封禅的起源进行了探索，把历代帝王的封禅活动进行整理，生动翔实地记载了这种富有政治色彩和文化色彩的祭祀活动，引起了后代帝王的重视，将其作为隆重的国家大典加以延续。"人固有一死，或重于泰山，或轻于鸿毛"。表明泰山在司马迁的心中，其地位和形象是多么庄严而崇高。

大诗人杜甫第一次登泰山就写下了千古传诵的名作《望岳》，将泰山从鬼魂、神仙、封禅等迷雾中解放出来，是有关泰山的风景诗的开创性作品，还泰山以自然的本色。

（二）孔子与齐鲁文化的地位

所谓"一圣人"是指孔子。其实，齐鲁地区古圣人远不止孔子一个，上古的三皇五帝都是负有"圣"名的人物，他们与齐鲁、与泰山有密切的关系。春秋战国时代称"圣人"者除孔子之外，还有兵圣孙子、工圣鲁班、医圣扁鹊，以及次一等的复圣颜渊、述圣孔伋、宗圣曾参等。

"圣人"之下，是大批贤哲。孔子弟子有 72 贤；战国时代的稷下学者，多至数百上千人，是这批圣贤再造了齐鲁文化的辉煌。到两汉，齐鲁仍人才济济。魏晋之后，文化随人南迁，齐鲁地区才逐渐失去其先进地位。而在这些先贤中，最重要、最能说明齐鲁文化在中国文化史上突出地位的还是孔子。

中国传统文化不管内容多么复杂，其核心和主干是儒家文化。而孔子是儒家学派的创始人，尽管儒家文化经过孟子、荀子以及汉代屡次改造，特别是董仲舒和宋代朱熹两次大的改造，被定为统治思想的儒术，已不是原来的孔子儒家。但是孔子的创建之功，是怎么也抹不掉的。"中华无仲尼，万古如长夜"，孔子这颗中华文化的巨星，这位承上启下、继往开来的大师如明灯照亮华夏。

孔子追慕三代，效法先王，直攀唐虞，而尤崇西周，有"周监于二代，郁郁乎文哉！吾从周"（《论语·八佾》）的话。因周代经过周公制礼作乐，对前两代文化进行了批判性的继承和发展，是当时最先进的文化。但是，孔子的开创性工程，决不只是对周礼文化依样照搬，而是对殷、夏两代文化以至唐虞之世也都有所批判总结和继承的，特别对史前占领先地位、能代表中华上古正宗传统的东夷文化，他很感兴趣，曾向郯子问夷礼。"子欲居九夷。或曰：'陋，如之何？'子曰：'君子居之，何陋之有？'"（《论语·子罕》）他还有"道不行，乘桴浮于海"（《论语·公冶长》）的话。东部沿海或附近岛屿，正是当时夷人存在的地区。他对《韶》乐极尽赞美之词。《论语·八佾》载："子谓《韶》：'尽美矣，又尽善也。'谓《武》：'尽美矣，未尽善也。'"《论语·述而》又载："子在齐闻《韶》，三月不知肉味，曰：'不图为乐之至于斯也。'"孔子认为《韶》乐不论是在艺术形式上，还是思想内容上，都达到了美、善之至。而《武》则在形式上达到了完美，而在思想内容上还未达到至善。为什么？据传说：《韶》是大舜所作，《武》是周武王时的音乐。大舜是东夷人。也就是说，孔子

在音乐方面，崇尚东夷胜过了西周。为什么他认为《韶》与《武》比较，艺术形式都达到了完美的程度，而思想内容上《武》没有《韶》完善呢？这大概是因为《韶》体现的东夷文化"仁"的精神本质，要比《武》体现的周礼文化的精神更高。孔子儒学思想体系是以仁为思想内容，以礼为规范形式的，它的核心是"仁"。"仁"是东夷人的本性，东夷文化的精神本质。《说文解字·羊部》云："夷俗仁，……有君子、不死之国。"《汉书·地理志》说："东夷天性柔顺，异于三方之外，故孔子悼道不行。设浮于海，欲居九夷，有以也。"

孔子整理"六经"，系统研究了古代文化遗产；他周游列国，全面了解当时社会情况，然后以其超人的智慧，综合创新，建立了既承古代文化传统，又开后代文化传统的庞大思想文化体系——儒学。

过去学术界往往囿于"述而不作，信而好古"（《论语·述而》）的夫子自道，以为孔子对古代文化遗产只是整理编删，对于周礼文化也只是依样画葫芦地进行复制，因此，肯定其保存古代文化遗产的贡献，而否定其前无古人后启来者的新的文化建构的创造，甚至说他守旧复古，一心想着恢复西周奴隶制。这是偏见，是不符合孔子思想实际的。

冯友兰先生对夫子自道有一种解释是比较中肯的。他说："孔子虽如此说，他自己实在是'以述为作'，他和他开创的儒家学派讲'古之人'，是接着'古之人'讲底，不是照着'古之人'讲底。"有人赞成孔范今先生的意见："不必泥于字面的意思，误以为孔子的思想不过是守旧式的总结和坚持。孔子的夫子自道，不过是在表明所倡有据，为自己指向伦理性实践的学说提供一个'已然性'的实践基础而已。……很难想象……孔子作为一位开创一大学派的大师会一味泥古，裹足不前……我们并不想否认孔子在对社会政治经济变革上所表现出来的保守态度，但作为一种文化变革的范式，即打着崇古的旗号进行新的文化建构。从文化的角度或者从对历史变革的更宽泛的理解来看，对其内蕴深刻的革新意义，却不能不予以正确认识。"要科学地认识这一问题，我们必须从将文化变革与政治历史混同一体以及对历史丰富内容的简单化理解中解脱出来。就从对历史的态度和作用来说，看到社会转型期所出现的文化失范即所谓"礼坏乐崩"现象，多企图从人文精神方面补历史之弊，调整人们的社会生存，即如现在人们寻找失落的人文精神一样，这怎能被视之为拉历史倒车呢？

其实，孔子是一位伟大的改革家，他对三代文化观念进行了革命性的改造。他"能在'天人合一'的混沌文化背景中，独对'人道'做出耀古烁今的创辟，从而真正建构了古老中华文化核心秩序，并铸造了传统人文精神之魂"。三代文化，天地鬼神盛行，可以说是一种"天"主宰的鬼神文化。孔子改造了三代文化中的人格神观念和天命观念，排除了对鬼神的虚妄迷信，摄取了其中天命观的精髓，"为自己的入学建构找到了一个逻辑的前提，也为之奠定了一个天人合一的东方哲学基础"。

孔子最深刻最有价值的创造，是他引仁入礼，把东夷人文化精神中最本质的"仁"同三代文化、特别是周代文化中最基本的礼结合起来。建立了他以仁为核心内容，以礼为规范形式的仁学思想体系。什么是"仁"？"仁者人也"，这是最基本的概括。孔子对仁的解释很多，但都是讲做人的道理，其中最核心的一条叫做"仁者爱人"。"爱人"是做人的根本原则，也是处理好人际关系的最有效最完美的方法。所以康有为说："仁者，人道交偶之极则。"郭沫若先生说："所谓仁道"，"也就是人的发现"。的确在奴隶社会，奴隶主不把奴隶当人看待。只有在奴隶解放的时候，才能出现这种"仁道"思想。孔子的"仁学"是适应奴隶解放这个潮流的。

但有些论者，至今把孔子的"人"或"民"说成是奴隶主贵族阶级，我们认为太曲解孔子的原意了。其实，孔子的"人"是泛

指人类，"是作为一种不同于他物的'类'的概念出现的"。把"人"看做社会构成的基元，看做处理人际关系的起点，不仅使其学说必然蕴涵了对个体生命存在的平等意识，而且也获得了对于人类的永远的意义。孔子说："天之所生，地之所养，无人为大。"《礼记·祭义》在当时的社会环境和文化背景中，这确是振聋发聩的一声，其意义决不只是为一个时代所占有，"尤其值得称道的是，在孔子的亲和思想中，不仅没有族界，而且没有国界，凡天下有人之处应如此，这和后世狭隘的民族主义、狭隘的国家主义没有共同之处"。

孔子的又一伟大的革命性的创建，是他创办私学和提出"有教无类"的主张。"有教无类"为人人有受教育的权利确立了一个平等的原则，创办私学又为使人人受教育开了先河。这对过去"学在官府"又何尝不是一次革命性的开创？因此，说他是"中国第一个使学术民众化"的人，实不为过。

孔子崇尚周礼，但对周礼决不是原封不动地照搬或死板机械地套用，而是循着其基本原则和思路加以改造和发展，其中有许多重大的突破。如他引仁入礼，要求礼一定要符合仁的精神，也就是守礼不违仁，故他说："人而不仁，如礼何？"（《论语·八佾》）

孔子所创立的儒学，不仅成为中华民族得以凝聚的文化之根，影响到中国传统文化发展的独特模式，而且超出了它的原生区域和民族，走出了国界，远播东亚，形成了东方儒家文化圈，近世又波及西方，唤起"生活在那里的智者，也会在新人文主义的潮流中呼吁到东方去寻找孔子的智慧"。

孔子儒学之所以能被统治阶级定为正统思想，主要是因为孔子的思想满足了统治阶级统治人民的需要。一是赖于孔子超人的智慧，"好古敏求""学而不厌""发愤忘食，乐以忘忧，不知老之将至"的奋斗精神；二是他以睿智机敏的扬弃，全面批判继承古代文化传统，完成了一次文化观念重大转型的开拓、改造和创新，使古老的传统文化在新的历史时期获得一次新生和飞跃的发展。

故孔子儒学作为中国传统文化赖以凝聚的核心，为学者之宗，流传两千余年，几经阶级的、民族的、思想文化的斗争风雨和大批判的劫难而批而不倒，弃而不掉，今天和今后也还会在新的现代文化的构建当中作为一种不可忽视的因素发挥它的作用。孔子在中国文化史上，实在是一位为前世集成，为后世立极的人物，他的学说成为中国传统文化的核心。

孔子是教育家、思想家、政治家，是中国五千年来对华夏民族的性格、气质产生最大影响的人。作为一位品德高尚、正直乐观、积极进取的知识分子，一生都在追求理想社会，追求真善美。孔子不但对中国历史、文化有巨大而深远的影响，还对世界历史和文化有着不容忽视的影响。孔子是中华民族的骄傲，也是世界的骄傲。

总之，齐鲁地区是古代中华文化和文明发祥较早的地区之一，齐鲁文化是黄河与泰山既冲撞又结合的产物，两度繁荣，且通过孔子完成转型，承上启下地联为一体。

五、齐鲁文化的精神

长期以来，齐鲁文化一直被视为中国传统文化的主流，在中国传统文化的形成中发挥重要的核心和主体作用，是由于齐鲁文化具有自强不息的刚健精神、崇尚气节的爱国精神、人定胜天的能动精神、民贵君轻的民本精神、厚德仁民的人道精神、大公无私的群体精神、勤谨睿智的创造精神等。对我们民族优秀传统精神的形成具有重要作用，从而具有强大的凝聚力。在今天，对于培育和弘扬中华民族的精神具有重要的理论和实践意义。

（一）自强不息的刚健精神

"天行健，君子以自强不息。"自强不息是齐鲁文化的基本精神之一，是其发展的内在动力，也是齐鲁文化生命力的渊源。在这种精神的影响下，齐鲁大地，地灵人杰，涌现了灿若繁星的杰出人物。姜太公、管仲、晏婴、孔子、孙子、墨子、孟子等，以他们为代表的儒、墨、管、兵等学派，都是主张积极入世，充满进取的意识、自强不息精神的。管仲重功名，尚有为，不拘小节，人们尽可以鄙视他的为人，却无法抹杀他厉行改革，富国强兵，辅佐齐桓公称霸诸侯的丰功伟业。孔子主张积极进取，"为之不厌""好古敏求""发愤忘食，乐以忘忧，不知老之将至"（《论语·述而》）。孔子的思想，在《易传》中有所发展。《彖传》提出"刚健"观念，赞扬刚健精神云："刚健而文明"（《大有》），"刚健笃实辉光"（《大畜》）。《象传》提出"自强不息"原则。孙子是兵家的杰出代表，区分战争的性质，主张用正义的战争制止不义之战。墨家在进取有为方面比儒家有过之而无不及。为了救世济民，推行兼相爱、交相利的主张，"日夜不休，以自苦为极"，哪里有战争的阴霾，墨者就赶到哪里，努力制止战争。其他齐鲁英杰，虽主张各异，观点不同，但在刚健进取方面，则是一致的。齐鲁文化这一基本精神，在中国传统文化中得到充分发扬，成为我们民族的基本精神，对我们民族的自强、自立、发展、壮大，独立于世界民族之林，起了巨大的积极作用，对今天的中国知识分子影响极大。

（二）崇尚气节的爱国精神

中华民族十分重视气节，这种气节是一代又一代中华优秀儿女共同铸就的。而追根溯源，这种精神财富是齐鲁文化对民族的一大贡献。

气节即志气和节操，指的是为坚持正义和真理，宁死不向邪恶屈服的品质。气节之中，民族气节是爱国主义的道德基础，它以维护国家利益为最高原则，表现出不屈不挠的奋斗精神和强烈的忧国忧民意识。最突出的代表是儒家。孔子有"三军可夺帅也，匹夫不可夺志也"（《论语·子罕》）的名言，孟子有"富贵不能淫，贫贱不能移，威武不能屈"（《孟子·滕文公下》）的壮语，成为中国人的人格标准。孔、孟自己也是这种精神的践行者。孔子周游列国14年，历尽坎坷，到处碰壁，在宋、郑、陈、蔡等地陷入困境。仍然保持乐观精神，坚持自己的思想主张。在强权面前，孔子表现出大无畏的精神气概。公元前500年，齐鲁夹谷之会。齐国利用献乐舞的机会，欲劫持鲁定公。孔子及时发现，挺身而出，严词痛斥齐国国君，挫败了齐人的阴谋，保卫了鲁定公的安全，维护了鲁国的尊严。（见《史记·孔子世家》）。在真理面前，孔子是"学而不厌""敏以行之"。他一生学无常师，先后向许多人学习，成为学术大师。他创办私学，广收门徒，授徒三千，贤人72名，整理了《易》《礼》《诗经》《尚书》等古代文献，为我们民族文化的形成和发展，作出了永不磨灭的贡献。

孟子则善养"浩然正气",推行其王道主义,把治理天下作为己任,提出"乐以天下,忧以天下"(《孟子·梁惠王下》)的主张。为追求真理,维护正义,可以舍生忘死,体现出舍我其谁的大丈夫气概。

人们对管仲的看法自古至今都存有争议。他先辅佐公子纠,公子纠死后,反事其仇敌公子小白,也就是齐桓公。孔子的学生子路、子贡就对管仲的行为提出疑问。而孔子对管仲的评价是:"如其仁!如其仁!"认为管仲辅佐齐桓公,称霸诸侯,一匡天下,建立的是不世功业。管仲自己对这件事的解释是,不死于公子纠之难,是因为他"不羞小节而耻功名不显于天下也"。(《史记·管晏列传》)管仲的"功名"是与平治天下联系在一起的。他相桓公,霸诸侯,一匡天下,尊王攘夷,捍卫了中原和平和文明。这与对于一家一姓的忠诚相比,是胸怀民族国家的大局,是真正的大节。孔子肯定管仲,正是对他这种大节的肯定,管仲的爱国主义是深层次的,不是一般意义上的忠君忠主思想。

齐鲁诸子及其思想也都表现出不同形式不同程度的爱国行动和爱国精神。孙膑在桂陵、马陵击败魏国军队,保卫齐国;信陵君窃符救赵,既救了赵国,也加强了魏国地位,是爱国的行为。鲁仲连义不帝秦,用三寸不烂之舌解楚南阳之围,退赵兵,使侵占聊城的燕国十万之众退走;晏子长于辞令,善于外交,出使楚国,舌战群敌,为齐国扬威;墨子日夜奔走,消弭战争等外交活动,也是爱国行为。诸子百家争鸣,提出自己的主张,并进行文化思想创造,同样是爱国表现。孔、孟有教无类,办教育,育人才,传播思想文化,也是爱国之举,而且功在千秋。总之,爱国是有多种表现形式的,关键时刻挺身而出;生死关头宁为玉碎,不为瓦全;为理想而杀身成仁,舍生取义。在这方面齐鲁诸子为我们留下了光辉的思想和模范的行为。齐鲁文化的这一基本精神,成为我们抗击外来侵略、捍卫民族尊严的强大精神力量。